W0253058

„Zuerst fühlen die Menschen das Notwendige, dann achten sie auf das Nützliche, darauf bemerken sie das Bequeme, weiterhin erfreuen sie sich am Gefälligen, später verdirbt sie der Luxus, schließlich werden sie toll und zerstören ihr Erbe.“

Giambattista Vico (1668-1744)

Inhalt

Inhalt 5

Erinnerungen an einen jungen Mann 7

Worüber reden wir eigentlich? 9

Geschichte der Nachhaltigkeit 11

Nachhaltigkeit – eine linksgrüne Ideologie? 22

Es muss sich doch rechnen 31

Die Entdeckung der verletzlichen Erde 40

Reden, Tagen und Tun 53

Menschliche Existenzebenen 58

Nachhaltige Wirtschaft in einer nicht nachhaltigen Welt 81

Neoliberales Paradox 87

Wie klug der handelnde Mensch heute ist 97

Erinnerungen an einen jungen Mann

Ein bisschen litt er schon darunter, dass er kaum etwas aus dem Westen hatte. Nur hin und wieder brachte die Oma von ihren Reisen Kleinigkeiten mit. Harte D-Mark gab es nur pfennigweise im Haushalt. Energie wurde gespart, nicht weil sie teuer war, sondern weil es sich irgendwie richtig anfühlte, kein unnötiges Aufdrehen der Gamat-Außenwand-Heizung, an der er sich in den kalten Wintermonaten gern mit dem Rücken stellte, Musik hörte und mit den Fingern „Hinterklavier" auf dem Heizkörper mitspielte. Gekauft wurde nur, was sich wirklich lohnte. Geld zu haben fühlte sich besser an, als es für kurzlebige Genüsslichkeiten auszugeben. Er war gerade 17 Jahre alt geworden, da öffneten sich die Schranken an der Bornholmer Brücke in Berlin zwischen den Stadtbezirken Pankow und Wedding. Als die S-Bahnen wieder durch beide Stadthälften fuhren – dieses Mal von West nach Ost – sagte eine Frau zu der anderen: „Jetzt fahren wir in das energiebewusste Berlin". Beim Blick durch's Fenster zeigte sich der Wechsel von bunter Leuchtreklame zu eintöniger blass-orangefarbener Natriumdampf-Straßenbeleuchtung. Im Osten wurden die Elektromotoren von den Lehrlingen für echte Kunden repariert. Kupferdraht galt als ausgesprochen wertvoll. Wenn die Reste einmal nicht ordentlich sortiert wurden, drohte der Lehrmeister damit, die ganze Recyclingtonne auszukippen. Dazu sollte es nie kommen. Der junge Mann setzte seine Ausbildung zum Elektromaschinenbauer bald im Westteil der Stadt fort. Dort wurden die gleichen Drahtspulen, sobald sie in

Motor-Attrappen sorgfältig eingebaut wurden und das Werk vom Ausbilder begutachtet und zensiert wurde, wieder herausgerupft und entsorgt. Der Westen konnte sich's leisten. Sein Material- und Energiebewusstsein ließ sich der junge Mann trotzdem nicht mehr abtrainieren, auch beim Bezug der ersten eigenen Wohnung. In einem Jugendklub wurde der Film *Koyaanisqatsi* gezeigt. Der junge Mann erkannte verblüffende Ähnlichkeiten zu einem PR-Film seines Ausbildungsbetriebs, einem großen deutschen Elektrokonzern. Anschließend wurde darüber gesprochen, dass bald Millionen Afrikaner nach Europa kommen würden. Der junge Mann hatte Ideen zu einem Beitrag bei einer silvesterlichen Theateraufführung in London entweder mit selbsterfundener Endzeitpantomime oder Aktionskunst in Gestalt eines sich selbst zerstörenden Reihenschlussmotors. Er ließ sich die Ideen ausreden. Stattdessen beschmierte er auf der Londoner Bühne eine spätere Radiosprecherin mit Farbe. Auf dem Rückflug dachte er über ein Buch nach, dass er vielleicht schreiben wollte. Arbeitstitel: *Die Menschwerdung des Affen. Ein bedauernswerter Unfall.* Weder Un- noch Zufall ist es, dass er 30 Jahre später dieses Buch geschrieben hat.

Worüber reden wir eigentlich?

Was bedeutet das eigentlich, diese Nachhaltigkeit? Dass etwas längere Zeit andauert? Zeit ist relativ. Denn es braucht einen Vergleich zu etwas Kürzerem. Heute bezieht sich das in der Regel auf den Bestand und die Qualität unserer natürlichen Ressourcen: Atemluft, Trinkwasser, lebenswerte klimatische Umstände, pflanzliche und tierische Nahrungsmittel, aber auch zwischenmenschliche Lebensbedingungen. Nachhaltigkeit bedeutet, zukünftig lebenden Menschen eine zumindest nicht weniger lebenswerte Welt zu hinterlassen. Der Physiker Hans-Peter Dürr definierte *Nachhaltigkeit* als *Das Lebendige lebendiger werden lassen.* [1] Ein dreidimensionaler Nachhaltigkeitsbegriff umfasst ökologische, soziale und ökonomische Ziele gleichermaßen. Dennoch wäre es zu kurz gegriffen, alle drei Dimensionen als gleichberechtigt zu verstehen. Vielmehr beschreiben sie drei Kaskaden zeitlicher, räumlicher und vor allem kausaler Wirkmächtigkeit. Während die ökonomische Nachhaltigkeit einen vergleichsweise kurzfristigen Zeithorizont umfasst und in Geld gemessen wird, also Kennzahlen wie Liquidität und Rendite beinhaltet, zieht die soziale Nachhaltigkeit einen größeren Kreis. Hier kommen für Liquidität und Rendite ursächliche Faktoren hinzu: Arbeitskräfte, Kunden, Investoren, unternehmerisch begünstigende soziale

[1] Vgl. Hans-Peter Dürr, Das Lebende lebendiger werden lassen, 2011

Umfelder. Die mikroökonomische Nachhaltigkeit ließe sich wiederum von einer makroökonomischen Nachhaltigkeit unterscheiden, einer, die die gesamte Volkswirtschaft im Blickfeld hat: Wirtschaftswachstum, Arbeitsproduktivität, Pro-Kopf-Einkommen, Pro-Kopf-Verbrauch. Wir werden noch sehen, dass gerade diese Indizes Ausdruck von Glaubenssätzen sind, was eine gute und richtige Volkswirtschaft zu sein hat und welche blinden Flecken sie erzeugen. Denn unserer Ökonomie ist es bislang noch nicht gelungen, sich von natürlichen Ressourcen einschließlich Menschen, Tieren und Pflanzen unabhängig zu machen, auch wenn die Lehrbücher der Ökonomie diese offenkundig für alles Wirtschaften auf unseren Planeten notwendige Basis gern im Bermudadreieck verschwinden lassen und Ökonomen wie Unternehmer in einem Rauschzustand von Allmachtsphantasie am liebsten glauben, Ökologie und Soziales währen von ihnen abhängig und nicht umgekehrt.

Geschichte der Nachhaltigkeit

In der deutschen Sprache wurde *Nachhaltigkeit* zuerst im Sinne eines langfristig angelegten verantwortungsbewussten Umgangs mit einer Ressource in Bezug auf die Forstwirtschaft thematisiert.[2] Beim sächsischen Oberberghauptmann Carlowitz ging es um die Fragestellung, wie Anbau und Bewirtschaftung von Holz so anzustellen sei, dass „...es eine continuirliche beständige und nachhaltende Nutzung gebe".[3] Der Fokus richtete sich zunächst darauf, dass man nicht mehr Holz fällen dürfe, als nachwachsen könne. Doch nicht nur die Bäume, sondern auch die Anzahl der Menschen und die Wirtschaft wuchsen und mit ihnen die Nachfrage nach Brenn- und Bauholz sowie hölzernen Stützpfeilern für den Bergbau. In zahlreichen Regionen Europas wurden einheimische Baumarten durch schneller wachsende ersetzt – ein noch heute spürbarer massiver Eingriff in die Natur im Dienste einer Sache, die seinerzeit als *nachhaltig* verstanden wurde. Ein damals zweifelsohne und in diesem Fall auch wortwörtlich brennendes Problem wurde auf die Zukunft verschoben, damit wie so oft nur verlagert und schlussendlich vergrößert. Die fundamentale Veränderung des natürlichen Baumbestandes hatte nicht nur Folgen für die Holzqualität, denn schnell wachsende Bäume liefern in der Regel weicheres Holz von kürzerer Nutzungsdauer und geringerem Brennwert. Die Veränderung des natür-

---

[2] Vgl. Hans Carl von Carlowitz, Silvicultura oeconomica, 1713
[3] Ders. a.a.O.

lichen Baumbestandes hatte und hat bis heute, also auf nachhaltige Weise, gravierende Folgen für Biodiversität, Artenvielfalt, Luftqualität, das Klima und führte zu einer Herabsetzung der Widerstandsfähigkeit aller verbliebenen und neu angesiedelten pflanzlichen wie tierischen Arten, einschließlich des Menschen. Der Forstwissenschaftler Georg Ludwig Hartig schrieb 1791 die häufig zitierten Sätze zum Nachhaltigkeitsprinzip in der Forstwirtschaft: „Es läßt sich keine dauerhafte Forstwirtschaft denken und erwarten, wenn die Holzabgabe aus den Wäldern nicht auf Nachhaltigkeit berechnet ist. Jede weise Forstdirektion muss daher die Waldungen des Staates ohne Zeitverlust taxieren lassen und sie zwar so hoch als möglich, doch so zu benutzen suchen, daß die Nachkommenschaft wenigstens ebensoviel Vorteil daraus ziehen kann, als sich die jetzt lebende Generation zueignet.“ [4] Alsbald erweiterte sich das Blickfeld vom Wald auf das Klima. 1824 entdeckte der französischen Mathematiker und Physiker Joseph Fourier, dass die Erdatmosphäre isolierende Eigenschaften besitzt, die einen Teil der einfallenden Wärmestrahlung daran hindert, in den Weltraum reflektiert zu werden.[5] 1862 identifizierte der britische Naturforscher John Tyndall Wasserdampf und Kohlenstoffdioxid als für diesen Treibhauseffekt verantwortliche Gase. CO_2 fängt auf-

---

[4] Georg Ludwig Hartig, Anweisung zur Holzzucht für Förster, 1791

[5] Vgl. Jean Baptiste Joseph Fourier, Remarques Générales Sur Les Températures, in: Du Globe Terrestre Et Des Espaces Planétaires. In: Burgess (Hrsg.): Annales de Chimie et de Physique, Band 27, 1824

grund seiner Molekularstruktur Wärme ein, die ansonsten in den Raum abgestrahlt würde.[6] Bereits sechs Jahre zuvor füllte in den USA die Chemikerin Eunice Foote ein Reagenzglas mit Luft und ein zweites mit CO_2, hing je ein Thermometer hinein und stellte beide Gläser in die Sonne. Die Temperatur in dem Glas mit CO_2 stieg schneller und höher. Obwohl sie das Ergebnis ihres Experiments in einer Fachzeitschrift veröffentlichte, geriet sie lange in Vergessenheit. 1896 beschrieb der schwedische Physiker und Chemiker Svante Arrhenius den atmosphärischen Treibhauseffekt erstmals quantitativ,[7] wenngleich erst 1958 der erste Nachweis eines Anstiegs der atmosphärischen Kohlenstoffdioxid-Konzentration durch Charles D. Keeling gelang.[8] Der Gehalt von Kohlenstoffdioxid in unserer Atmosphäre liegt heute 50 Prozentpunkte über dem vormaligen Maximalwert vor 400.000 Jahren. Derzeit wächst die CO_2-Konzentration einhundertmal schneller als zum Ende der letzten Eiszeit, als sich dessen Gehalt innerhalb von 6000 Jahren lediglich um rund 80 Millionstel erhöhte. Da die Weltmeere rund 30 Prozent des freigesetzten CO_2 absorbieren, hat sich deren pH-Wert verändert. Sie sind zu 30 Prozent saurer als zu Beginn der Industrialisierung.

---

[6] Vgl. Spencer Weart, The Discovery of Global Warming. Center of History am American Institute of Physics, in: Memento 11.11.2016

[7] Vgl. Svante Arrhenius, On the Influence of Carbonic Acid in the Air upon the Temperature of the Ground, in: Philosophical Magazine and Journal of Science Series 5, Volume 41, April 1896

[8] Vgl. Daniel C. Harris, Charles David Keeling and the Story of Atmospheric CO2 Measurements, in: Analytical Chemistry, Juni 2010

Immer wieder argumentieren Laien, dass der Treibhauseffekt aufgrund der von ihnen als ausgesprochen niedrig bewerteten Konzentration von CO_2 in der Atmosphäre mit derzeit 0,0416 Prozent eine ideologische Erfindung ohne naturwissenschaftliche Grundlage sei. Die Gesamtmenge der in der Atmosphäre vorhandenen CO_2-Moleküle ist für die Rückstreuung entscheidend. Natürlich existiert das CO_2 im Gemisch mit so genannten neutralen Gasen, die von Wärmestrahlung gleich wie Vakuum nahezu ungehindert durchdrungen werden. Doch diese Verdünnung mit neutralen Gasen spielt für die Treibhauswirkung keine Rolle. Ohne diese anderen Gase entspräche das reine CO_2 der Atmosphäre unter Normaldruck einer mehr als drei Meter dicken Schicht. Vor Beginn der Industrialisierung wäre sie zwei Meter dick gewesen. In einigen Wellenlängenbereichen lässt das vorhandene CO_2 bereits gar keine Wärmestrahlung mehr durch.[9] Doch CO_2 ist nicht das einzige Treibhausgas. Die Konzentration von Methan (CH_4) in der Atmosphäre hat sich innerhalb der letzten 200 Jahre um Faktor 2,6 erhöht. Methan ist zwar flüchtiger als CO_2, was bedeutet, es baut sich innerhalb von 5 bis 15 Jahren wieder ab. Bis dahin ist seine Treibhauswirkung jedoch 25-mal stärker als die des CO_2. Absterbende bzw. zerstörte küstennahe Ökosysteme setzten bis zu 1 Mrd. Tonnen CO_2 frei, dazu eine hohe

[9] Vgl. Bill McKibben, Deep Economy: the Wealth of Communities and the Durable Future, 2007

Menge Methan.[10] Ein drittes bedeutsames Treibhausgas ist Distickstoffmonoxid (N_2O), umgangssprachlich als *Lachgas* bekannt. Es tritt vor allem durch Viehdung und bei der Futtermittelproduktion aus. Bezogen auf 100 Jahre liegt das globale Erwärmungspotenzial von Lachgas 273-mal höher als das von CO_2. Die Bedeutung der Landwirtschaft wird im Kontext der Klimadiskussion noch immer zu leise thematisiert. Und überhaupt, wirkt in der öffentlichen Diskussion eine globale Erwärmung im Schnitt von 1,5°C bis 2°C scheinbar harmlos und wird von Laien gern mit natürlichen Wetterschwankungen ins Verhältnis gesetzt. Die Gletscherschmelze auf den Polen und in Hochgebirgen sowie Veränderungen in den Meeren und deren Strömungen sprechen dagegen eine andere Sprache. Aufgrund der Erwärmung der Ozeane hat sich die atlantische Umwälzzirkulation, die Meeresströmungen wie den Golfstrom antreibt, seit 1950 um 15 Prozent verlangsamt.[11] Freilich ist die erwartete mittlere globale Erwärmung nicht gleichmäßig verteilt. Im Nordatlantik ist es seit dem späten 19. Jahrhundert kälter geworden.[12] Auf Landmassen und höheren Breitengraden begegnet uns die globale Erwärmung als abge-

---

[10] Vgl. Linwood Pendleton, et al., Estimating global „blue carbon" emissions from conversion and degradation of vegetated coastal ecosystems, PLOS One, 7 (9), 2012: Article e43542

[11] Vgl. National Oceanic and Atmospheric Administration, 'Ocean acidification', 1.4.2020, auf: https://www.noaa.gov/education /resource-collections/ocean-coasts/ocean-acidification abgerufen am 11.3.2024

[12] Vgl. Niklas Boers, Observation-based early-warning signals for a collapse of the Atlantic Meridional Overturning Circulation, Nature Climate Change, 11 (8), 2021

milderter Temperaturunterschied. Hoch- und Tiefdruckgebiete verharren häufiger und länger an einem Ort, was vermehrte extreme Wettersituationen und damit verbundene Naturkatastrophen zur Folge hat. Tropische Luftfeuchte wird weniger gut in höhere Breiten transportiert, sodass sich Wüstenzonen ausdehnen, wie die Sahara vor allem nach Süden. Die Erwärmung unserer Lebensräume hat auch Einfluss auf die menschliche Psyche. Studien haben gezeigt, dass steigende Temperaturen zu einem aggressiveren Fahren, vermehrter Gewalt im Profisport, zu mehr häuslicher Gewalt und einem Anstieg von Gewaltverbrechen führen.[13] Es liegt die Vermutung nah, dass globale Erwärmung wirtschaftliche Mehrkosten zur Folge hat und die Wahrscheinlichkeit von Finanzkrisen steigt.[14] Der Rückversicherer Swiss Re kalkuliert mit einer Schrumpfung der Weltwirtschaft um 18 Prozent, wenn nichts gegen den Klimawandel getan würde. Die Kosten werden auf 23 Billionen Dollar taxiert.[15] So gibt es natürlich Versuche, Klimaschutz über Märkte zu regulieren. „Zertifikathandel mag ökonomisch der richtige Weg sein, um CO_2 zu reduzieren, aber ist er auch politisch zumutbar?“[16] Klimaschutz und die Sorge um den Zustand

---

[13] Vgl. M. Mariaflavia Harari, Eliana La Ferrara, Conflict, climate, and cells: a Disaggregated analysis, Review of Economic and Statistics, 100 (4), 2018

[14] Vgl. Chris Lafakis, et. al., The Economic Implications of Climate Change, Moody's Analysis, June 2021

[15] Vgl. Jessie Guo, et. al., The Economics of Climate Change: No Action Not an Option, Swiss Re Institute, April 2021

[16] Axel Dreher, Brauchen die Wirtschaftswissenschaften eine Neuorientierung?, in: GoodImpact, 9.10.2023

unseres Planeten lassen sich nicht allein auf die Fokussierung auf eine einzige physikalische Größe reduzieren. Der Anstieg der durchschnittlichen Temperatur von Ozeanen und Atmosphäre ist mitnichten der einzige Indikator, welcher signalisiert, dass sich Überlebensbedingungen weiter verschlechtern, wenn wir Menschen unseren Einfluss auf die natürliche Umwelt nicht gezielt umlenken. Das Konzept der planetaren Grenzen unterscheidet die Teilbereiche Klimawandel, Biosphäre, Süßwasser, Landnutzung, Biogeochemische Stoffkreisläufe, Neuartige Substanzen, Luftverschmutzung, Ozeanversauerung und Ozonschicht.[17] Die Überschreitung der jeweiligen Grenzen gefährdet die Stabilität unseres Ökosystems. Die Sache mit den planetaren Grenzen ist allerdings nicht unumstritten, insbesondere in Bezug auf die Definition dieser Grenzen. Für eine Neubewertung planetarer Grenzen wurden aktuelle Studien herangezogen und die Entwicklung der Erde mit Modellen von Erdsystem und Biosphäre für mehrere hundert Jahre in die Zukunft simuliert. Als Vergleichsbasis wurde die Phase zwischen der letzten Eiszeit und dem Beginn der industriellen Revolution gewählt. Nur drei Prozent der weltweiten Landfläche können nach diesem Modell als ökologisch intakt angesehen werden.[18] Im sicheren Bereich liegen mittlerweile die Ozonschicht

---

[17] Vgl. Johan Rockström et. al., A safe operating space for humanity. In: Nature. Band 461, 2009

[18] Vgl. Andrew J. Plumptre, et al., Where might we find ecologically intact communities?, Frontiers in Forests and Global Change, 4, 2021: Article 626635

und die weltweite Aerosolbelastung der Atmosphäre, also die Verschmutzung der Luft etwa durch Feinstaub aus fossilen Heizungen oder Verbrennungsmotoren. Allerdings wird diese Grenze in manchen Regionen regelmäßig überschritten, beispielsweise in Südasien.[19] Die Zerstörung der Ozonschicht ist gebremst. Mit Inkrafttreten des Montreal-Protokolls im Januar 1989 wurden Vorschriften erlassen, die die Verwendung von FCKW als Kühlmittel und Treibgas einschränken. Heute wird diese Grenze global eingehalten. Lediglich in der Antarktis und drei Monate im Jahr auch in Australien werden regional überhöhte Werte gemessen. Von zwölf definierten Grenzen werden drei unterschritten, drei weitere mäßig und die restlichen sechs deutlich überschritten. Planetare Grenzen sind nicht losgelöst voneinander zu betrachten, sondern eingebettet innerhalb des komplexen biophysikalischen Systems Erde. So verlangsamt sich der Golfstroms im Atlantik, wird Methan am Meeresgrund und aus dem tauenden Permafrostboden freigesetzt, schmelzen Eisschilde auf Grönland und der Antarktis, stirbt das Ökosystem der borealen Wälder in den nördlichen Breiten, verdunstet die Stratocumulus-Wolkendecke über den Meeren, verschwinden tropische Korallenriffe im Flachwasser, wird der Amazonas-Regenwald immer kleiner und der tropische Monsun

---

[19] Vgl. Kate Raworth, Die Donut-Ökonomie. Endlich ein Wirtschaftsmodell, das den Planeten nicht zerstört. 2018

unterbrochen.[20] Jede Woche werden für jeden Menschen auf der Welt Produkte geschaffen, die seinem Körpergewicht entsprechen.

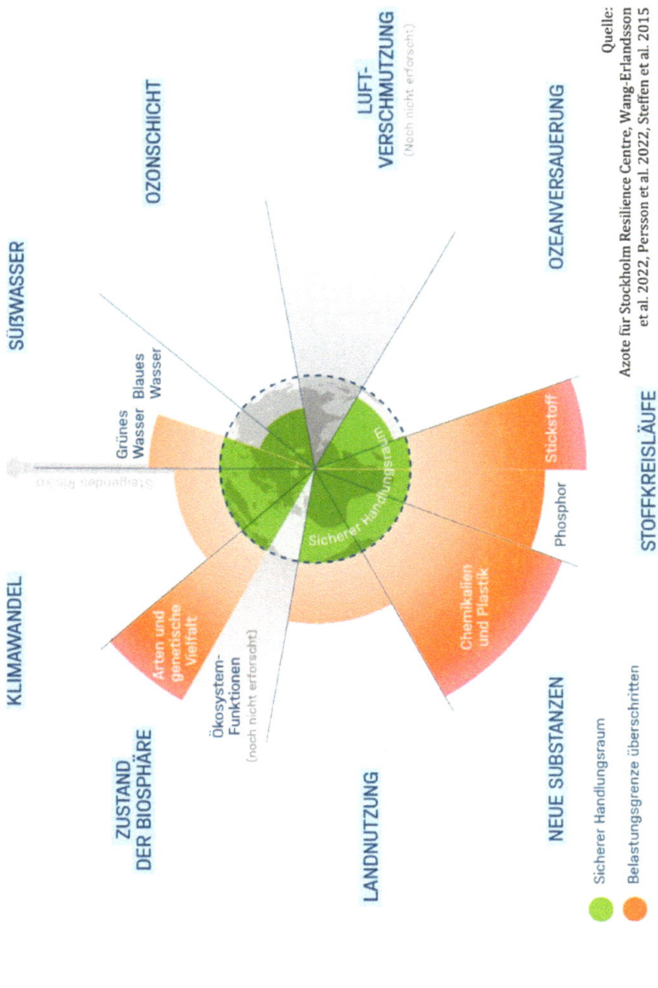

[20] Vgl. Seaver Wang, Adrianna Foster, Elizabeth A. Lenz, John D. Kessler, Julienne C. Stroeve, Liana O. Anderson, Zeke Hausfather et al., Mechanisms and impacts of Earth system tipping elements, Reviews of Geophysics 61, 2023

Die Masse der von Menschenhand hergestellten Objekte hat sich seit 1900 alle 20 Jahre verdoppelt. Im Jahre 2020 hat die tote Masse – Häuser, Asphalt, Plastik, Computer usw. – erstmals die Biomasse übertroffen. Die Masse aller Wildtiere ist in den letzten 50 Jahren auf weniger als 20 Prozent geschrumpft. Was macht das mit uns Menschen? Es gibt drei Möglichkeiten, auf die Zahlen und Fakten zu reagieren: Erstens, wir erkennen Bedeutung und Tragweite; zweitens, wir sehen weg und ignorieren sie oder drittens, wir behaupten, das wären ideologisch oder aus anderen niederen Gründen motivierte Lügen. In von der Exxon-Ölgesellschaft beauftragten Studien stellten Wissenschaftler erstmals 1974 und noch einmal 1982 Prognosen zur erwarteten steigenden CO_2-Konzentration und der daraus folgenden globalen Erwärmung auf, die bis heute fast exakt eingetreten sind. Die Ergebnisse wurden vom Konzern sehr ernst genommen. Sie wurden als geschäftsschädigend bewertet und verschwanden im Giftschrank. Exxon, Koch Industries, der Kohlebergbauer Peabody, der Interessensverband American Petroleom Institute und weitere Unternehmen der fossilen Brennstoffindustrie finanzieren stattdessen PR-Agenturen in Gestalt von Instituten, die vorgeben, Teile bis alles, was in diesem Kapitel steht, zu widerlegen. Sie heißen Atlas, Heartland, George C. Marshall, SEPP, Cato und CFACT. In Deutschland gibt es mit EIKE einen Verein mit Briefkasten in Jena, der die Botschaften von Heartland und CFACT ins Deutsche übersetzt verbreitet. AfD-Politiker, aber auch Randfiguren in CDU und FDP machen sich absichtlich oder aus Ahnungslosigkeit seit Jahren zu

Multiplikatoren der Veröffentlichungen dieser Unternehmen und Vereine. Bis Mitte der 2000er Jahre dominierte in Politik und Gesellschaft die Option Zwei (Ignorieren). Inzwischen ist die Sorge um den Zustand unseres Planeten kein Nischenthema mehr. Dass die Nachhaltigkeitsbewegung durch Fridays for Future eine Verjüngung und aktivierenden Drive bekommen hat, ist durchaus der Konsequenz Greta Thunbergs zu verdanken. In *Das große Klimabuch* lässt sie zahlreiche Stimmen von Naturwissenschaftlern aber auch indigene Aktivistinnen zu Wort kommen. Dass Thunberg ihre sozialen Schwachstellen hat, war früh erkennbar und zeigt sich spätestens mit dem 7. Oktober 2023 in seiner ganzen Tragik. Was den Klimawandel betrifft, gab sie nie einer bestimmten Gruppe, Ethnie oder Branche die Schuld oder auch nur Alleinverantwortung, weder der Öl- oder Holzindustrie, noch Fluggesellschaften oder Automobilherstellern, denn es sei nun einmal nicht deren Aufgabe, den Klimawandel zu bekämpfen und Menschen dafür zu sensibilisieren, dass sie ökologisch nachhaltiger zu konsumieren hätten. Ihre Aufgabe sei es, Geld zu verdienen.[21] Im politischen Wettbewerb gilt heute als *links*, wer ökologische Nachhaltigkeit ernst nimmt. Wieso eigentlich?

---

[21] Vgl. Greta Thunberg, in: Dies. (Hrsg.), Das Klima Buch, 2022

Nachhaltigkeit – eine linksgrüne Ideologie?

Am 11. und 12. Oktober 1913 versammelten sich Lebensreformer, Mitglieder alternativer Studentenverbindungen und der Wandervogelbewegung zum Ersten Freideutschen Jugendtag als Gegenveranstaltung zum Jubiläumsfest zur Völkerschlacht. Auf dem osthessischen Bergmassiv Hoher Meißner hielt der Graphologe und Metaphysiker Ludwig Klages ein zur Legende gewordenes Grußwort. In seinem Aufruf *Mensch und Erde* formulierte er seine scharfe Kritik an der Naturzerstörung und der Übertragung des Darwinismus' auf die menschliche Gesellschaft: „Die Natur kennt keinen *Kampf ums Dasein*, sondern nur den aus der Fürsorge für das Leben. ...Wo aber der Fortschrittsmensch die Herrschaft antrat, deren er sich rühmt, hat er ringsum Mord gesät und Grauen des Todes." Dies machte ihn zu einem Vordenker einer Ökologiebewegung, die über bloßen Umweltschutz hinausgeht. Später sahen Kritiker in Klages einen frühen Nationalsozialisten. Diese wiederum lehnten ihn wegen *Weichheit* und *Pazifismus* ab. 1947 warnte der Landrat von Euskirchen und vormalige Auslandskorrespondent der Kölnischen Zeitung Anton Metternich vor einer Versteppung Deutschlands, vor einem Kampf um die Wassernutzung, vor Bodenvernichtung durch Erosion und empfiehlt die Produktion synthetischer Leberwurst und künstlichem Eiweiß. [22]

---

[22] Vgl. Anton Metternich, Die Wüste droht. Die gefährdete Nahrungsgrundlage der menschlichen Gesellschaft, 1947

1962 erschien das Sachbuch *Silent Spring* der Biologin Rachel Carson, ein Jahr darauf die deutsche Ausgabe *Der stumme Frühling*. Carson schildert auf eindringliche Weise die Auswirkungen des Einsatzes von Pestiziden und Herbiziden. Der Erfolg des Buches gilt rückblickend als Ausgangspunkt der weltweiten Umweltbewegung und dem Verbot des Pestizids DDT, das Carson nicht mehr erleben sollte. Umweltthemen gelangten im Verlaufe der 1960er Jahre immer mehr in den Fokus und erschütterten den bis dato ungetrübten technologiegetriebenen Fortschrittseifer diesseits und jenseits des Eisernen Vorhanges. 1969 konstatierte der damalige UN-Generalsekretär Sithu U Thant: „Ich will die Zustände nicht dramatisieren. Aber nach den Informationen, die mir zugehen, haben nach meiner Schätzung die Mitglieder des Gremiums noch etwa ein Jahrzehnt zur Verfügung, ihre alten Streitigkeiten zu vergessen ... den menschlichen Lebensraum zu verbessern, die Bevölkerungsexplosion niedrig zu halten und den notwendigen Impuls zur Entwicklung zu geben, sonst werden die erwähnten Probleme derartige Ausmaße erreicht haben, daß ihre Bewältigung menschliche Fähigkeiten übersteigt."[23] Dieses Zitat zierte 1972 die aufrüttelnde Veröffentlichung des Club of Rome *Die Grenzen des Wachstums*. Zwei Jahre zuvor unterschrieb der republikanische US-Präsident Richard Nixon den National Environmental Policy Act, was einer

[23] Zitiert nach: Donella Meadows, Dennis Meadows, Jørgen Randers, William W. Behrens III, The Limits to Growth. A Report for the Club of Rome's Project on the Predicament of Mankind. 1972

Institutionalisierung der modernen Umweltpolitik in den USA gleichkam. Daraufhin setzten Bundes- und Regionalregierungen umfangreiche Maßnahmen zum Schutz der Natur um, was bis zur Präsidentschaft von Bush Senior so blieb, der sogar erfahrene Umweltschützer in sein Kabinett berief. Erst als durch umweltpolitische Maßnahmen die Transformation ganzer Industriezweige drohte, kehrte die Republikanische Partei in den USA unter Führung von Newt Gingrich den Aushandlungsprozesses zwischen ökologischen und sozialen Notwendigkeiten den Rücken. Die Historikerin Ella Müller hat nachgewiesen, dass die Radikalisierung der Republikaner im Bereich Umwelt- und Klimaschutz kein Selbstläufer, sondern das Ergebnis von politischen Entscheidungen und bewussten Weichenstellungen unter maßgeblichen Einfluss der Fossillobby gewesen ist. Kritik an Umweltschutzmaßnahmen wurde zum ideologischen Projekt und Umweltschutz zum Kulturkampf erklärt, der dem American Way of Life zuwiderlaufe. Pikanterweise zeigen sich die Folgen der Klimakrise in den USA in Form vermehrter Brände, Dürren, Hitzewellen und Fluten vorrangig in konservativ abstimmenden Wahlbezirken.[24] Unter den zeitgenössischen US-Republikanern sticht Arnold Schwarzenegger als Protagonist von Umweltpolitik und erneuerbaren Energien hervor. Zurück in das Jahr 1970: Ein CDU-Abgeordneter zeigte in seiner Rede vor dem deutschen Bundestag auf, dass Umweltschutz

[24] Vgl. Ella Müller, Die amerikanische Rechte und der Umweltschutz, Geschichte einer Radikalisierung, 2023

eine globale Angelegenheit sei, dass die Gleichsetzung von Wohlstand mit wachsendem Konsum Erde, Luft und Ozeane immer weiter verschmutzt und das Leben darin tötet: „Wenn wir es so weiterlaufen lassen, meine Damen und Herren, dann werden wir uns bald in einem Stadium der Selbstausrottung befinden, die einer atomaren Katastrophe gleichkommt, und die Hälfte von uns hier im Saal kann noch den Anfang davon erleben. ... Dann kommen wir an den Punkt ohne Rückkehr, von dem die Amerikaner bereits sprechen, wo es nicht mehr gelingen wird, das Rad zurückzudrehen und das Absterben der Natur aufzuhalten. Hier hilft auch eine Besserung an dieser oder jener Stelle nicht, hier hilft kein Kurieren an Symptomen. Es gibt nur einen einzigen Ausweg: der Eingriff der Technik in den Naturkreislauf, der bisher weitgehend zerstörte, muß sich die Wiederherstellung zum Ziel setzen." [25] Fünf Jahre später erreichte der inzwischen 54-jährige Herbert Gruhl mit einem Bestseller die breite Öffentlichkeit.[26] Bis 1977 stand er dem Bund für Umwelt und Naturschutz Deutschland (BUND) vor. Nachdem der scharfe Kritiker der Kernenergie vom damaligen CDU-Vorsitzenden Helmut Kohl seiner Sprecherfunktion für Umweltfragen enthoben wurde, ging er zunehmend auf Distanz zu dieser Partei, trat aus und gründete die *Grüne Aktion Zukunft*, einer der wichtigsten Vorläufer der 1980 gegründeten Partei *Die*

---

[25] Zitiert nach: Herbert Gruhl, Glücklich werden die sein... Zeugnisse ökologischer Weltsicht aus vier Jahrtausenden, 1984
[26] Vgl. Ders., Ein Planet wird geplündert. Die Schreckensbilanz unserer Politik, 1975

Grünen. Seine wertkonservativen Positionen fanden dort jedoch immer weniger Zuspruch, sodass er Anfang 1981 auch diese Partei verlies und die ÖDP gründete, dessen Bundesvorsitzender er bis 1989 blieb. Sein Rücktritt folgte einem Richtungsstreit um eine – mit den Worten von heute gesprochen – „Brandmauer gegen Rechts", die Gruhl ablehnte. Diese Haltung des 1993 verstorbenen Gruhl ließen ihn für die einen weitgehend in Vergessenheit geraten und für andere postum zur Projektionsfläche rechtskonservativer Ökologie werden. Immerhin schloss sich Gruhl in den letzten Lebensjahren der Organisation UÖD (Unabhängige Ökologen Deutschlands) seines früheren Mitstreiters, Deutschlands ersten erfolgreichen Biobauern und rechtsesoterischen Ökologen, Baldur Springmann an. Inhaltlich unterscheidet sich Gruhl kaum von Greta Thunberg. In seiner letzten Veröffentlichung zeigte sich allerdings ein tatsächlich eher rechten Denkern eigener Kulturpessimismus. „Der Mensch kommt aus der Industriegesellschaft, die eine Gesellschaft zur Bestattung der Erde ist, nicht mehr heraus. Er kann nicht einmal die Produktion sinnloser Güter aufgeben." [27] Heute sind zwei AfD-Kommunalpolitiker Vorsitzende der Herbert Gruhl Gesellschaft. AfD-Mitgründer Konrad Adam war jahrelang Ehrenvorsitzender. Was konservative Ökologen am deutlichsten von Linken unterscheidet, ist, dass sie die Zahl der Menschen auf unserer Erde als ernstes Problem zur

---

[27] Herbert Gruhl, Himmelfahrt ins Nichts. Der geplünderte Planet vor dem Ende. 1992

Sprache bringen. Kritik an Überbevölkerung und sozialdarwinistische Tendenzen fanden sich 1973 auch in einer aufsehenerregenden Veröffentlichung des österreichischen Zoologen Konrad Lorenz. „Soziale und ökonomische Gegebenheiten und Bedingungen sind nur von zweitrangiger Bedeutung, denn auch sie unterliegen allein Naturgesetzlichkeiten.“ [28] So analysierte Lorenz gesellschaftliche Phänomene als *Vorgänge der Dehumanisierung* und Konflikt zwischen der biologischen Natur des Menschen und den von der sozialen Umwelt erzwungenen Verhaltensweisen: Übervölkerung der Erde, Verwüstung des natürlichen Lebensraums, übermäßige Beschleunigung aller gesellschaftlichen Prozesse und Hedonismus als Drang zu sofortiger Befriedigung aller Bedürfnisse. Die Ökologie-Veränderung des Menschen verlaufe schneller als die anderer Lebewesen. Lorenz sprach von einer „...Verwüstung des natürlichen Lebensraumes, die nicht nur die äußere Umwelt zerstört, in der wir leben, sondern auch im Menschen selbst alle Ehrfurcht vor der Schönheit und Größe einer über ihn stehenden Schöpfung. ... [Diese führe zum] Wettlauf der Menschheit mit sich selbst, der die Entwicklung der Technologie zu unserem Verderben immer rascher vorantreibt, die Menschen blind für alle wahren Werte macht und ihnen die Zeit nimmt, der wahrhaft menschlichen Tätigkeit der Reflexion zu obliegen. ... [Daraus resultiere ein] Schwund aller starken Gefühle und Affekte durch Verweichlichung.

---

[28] Konrad Lorenz, Die acht Todsünden der zivilisierten Menschheit, 1973

Fortschreiten von Technologie und Pharmakologie fördern eine zunehmende Intoleranz gegen alles im geringsten Unlust Erregende. Damit verschwindet die Fähigkeit der Menschen, jene Freuden zu erleben, die nur durch herbe Anstrengung beim Überwinden von Hindernissen gewonnen werden kann. Der naturgewollte Wogengang der Kontraste von Freud und Leid verebbt in unmerklichen Oszillationen namenloser Langeweile."[29] Lorenz rechnete dem Menschen seine Sünden gegen die Natur und gegen sich selbst vor und verstand das als einen Beitrag zur Zivilisationskritik. An den Veröffentlichungen des 2017 verstorbenen Historikers und früheren SDSlers Rolf Peter Sieferle lässt sich anschaulich nachvollziehen, wie dieser sich über die Beschäftigung mit Ökologie und dem Umgang des Menschen mit seiner Mitwelt zuerst zum Konservativen und schlussendlich zum Rechtsextremisten gewandelt habe.[30] Der 2020 verstorbene britische Philosoph Roger Scruton stellte 2013 den vielleicht jüngsten Denkansatz konservativer Ökologie vor, in dem er traditionelle Prinzipien als offensichtlichste und wirksamste Mittel zum Erhalt unseres Planeten würdigte. Ihm zufolge ist das Grundverständnis der Linken als Bewahrer des Planeten ein gefährlicher Trugschluss. Statt auf schwerfällige Nichtregierungsorganisationen und internationale Komitees setzte Scruton

---

[29] Ders. a.a.O.

[30] Vgl. exemplarisch Rolf Peter Sieferle, Der unterirdische Wald. Energiekrise und industrielle Revolution, 1982; ders., Die Konservative Revolution. Fünf biographische Skizzen,1995; ders., Finis Germania, 2017

auf Lokalismus und Bürgerverantwortung. Als Politik des Aufschubs gewährleiste gerade der Konservativismus Gesundheit und Leben eines sozialen Organismus. Denn nach den Gesetzen der Thermodynamik können wir der Entropie entgegenwirken, indem wir dem Ökosystem auf lokaler Ebene Energie zuführen und so seine Auflösung aufhalten. Die Wertschätzung historischer Verbundenheit und lokaler Identität verweist auf jene Art von Langzeitbeziehung, die zwischen Menschen entsteht, wenn sie innerhalb eines definierten Rahmens ihre Neigungen an einem bestimmten Ort ausleben. Konservatismus verteidige die spärlichen Reste von Sozialkapital gegen die Kräfte anarchischen Wandels. So gesehen wäre nach Scruton gerade der Konservativismus prädestiniert für die Lösung von Umweltproblemen. Politik müsse homöostatische Systeme aufrechterhalten und wiederherstellen. Solche Systeme, die sich selbst korrigieren, wenn der Wandel sie destabilisiert hat, sind Märkte, Traditionen, Gepflogenheiten, Gewohnheitsrechte, Familien und zivilgesellschaftliche Zusammenschlüsse. Was jedoch, wenn Märkte und geopolitische Kraftverhältnisse die Kosten unseres Tuns jenen aufzubürden, die sie nicht verursacht haben? Offenbar blendet das Modell von regional abgrenzbaren homöostatischen Systemen einige Kräfteverhältnisse aus, wenn sich nämlich soziales und ökologisches Gleichgewicht nicht miteinander in Einklang bringen lassen. Dem technokratischen Konservatismus jüngerer Spielart genügt es nicht, einfach die Natur zu bewahren. Er hält an der utopischen Erwartung fest, dass sich Probleme mit neuer Technik lösen ließen, statt einfach die Natur zu bewahren. „Es ist ein Optimismus, der dem Konservatismus nicht ansteht.“[31] In seiner Enzyklika *Laudato si'* bezeichnet Papst Franziskus die aktuelle Lebensweise der Menschheit als selbstmörderisch. Schlecht wie nie zuvor behandle der Mensch seit 200 Jahren seinen Heimatplaneten. Der Papst fordert die Dekarbonisierung der Weltwirtschaft durch den Ausstieg aus der Nutzung von Kohle und Erdöl. „Der Rhythmus des Konsums, der Verschwendung und der Veränderung der Umwelt hat die Kapazität des Planeten derart überschritten, dass der gegenwärtige Lebensstil, da er unhaltbar ist, nur in Katastrophen enden kann, wie es bereits periodisch in verschiedenen Regionen geschieht.“ [32] Der Zugang zu sauberem Trinkwasser müsse als universales Menschenrecht vom wirtschaftlichen Profitstreben entkoppelt werden. Die Unterwerfung der Politik unter die Technologie und das Finanzwesen zeige sich in der Erfolglosigkeit der Weltgipfel über Umweltfragen. Damit einher gingen auch große sozialpolitische Verwerfungen. So verursache der Reichtum einiger weniger unmittelbar die Armut anderer, weswegen in Industrieländer eine Wachstumsverlangsamung geboten sei, um den anderen mehr Entwicklungschancen zu bieten. Es sei unvertretbar, dass einige mehr und mehr konsumierten und zerstörten, während andere nicht einmal entsprechend

---

[31] Dirk van Laak, Alles im Fluss: Die Lebensadern unserer Gesellschaft – Geschichte und Zukunft der Infrastruktur, 2018

[32] Papst Franziskus, Laudato si': Über die Sorge für das gemeinsame Haus. Die Umwelt-Enzyklika mit Einführung und Themenschlüssel, 2015

ihrer Menschenwürde leben könnten.[33] Aus Sicht des Klimaforschers Hans Joachim Schellnhuber ist der Stand der Wissenschaft in der Enzyklika korrekt wiedergegeben. Außerordentlich wichtig an der Enzyklika sei, dass hier die Welt der Religion und die Welt der Wissenschaft zusammengebracht würden. Diese widersprächen sich nicht und könnten nur zusammen der Komplexität der Schöpfung gerecht werden.[34]

Es muss sich doch rechnen

Die Komplexität der Schöpfung offenbart sich in der Lebenspraxis der allermeisten Menschen überall auf der Erde am augenfälligsten über den schnöden Mammon. Was verstehen da schon ein Graphologe, ein Zoologe, ein Philosoph, ein Germanist, eine Biologin und ein Papst von Geld und Wirtschaft? Der britische Volkswirt Arnold Toynbee kritisierte schon 1884 die theoretische Auffassung, dass Wettbewerb grundsätzlich förderlich sei für die wirtschaftliche und gesellschaftliche Entwicklung. Nur wenige ökonomische Gesetzmäßigkeiten besäßen universelle Gültigkeit, etwa das Gesetz der fallenden Profitrate. Beim Umgang mit nichtprivatisierten Umweltgütern, wie etwa Wildtieren (Insekten eingeschlossen) würden marktwirtschaftliche Ansätze nicht greifen. Toynbee schlug vor, zwischen Wettbewerb in der Pro-

---

[33] Vgl. ders. a.a.O.

[34] Vgl. Hans Joachim Schellnhuber: Enzyklika auf der Höhe der Zeit. Auf: Radio Vatikan, 18.6.2015

duktion einerseits und in der Verteilung von Gütern andererseits zu differenzieren.[35] Die allermeiste Zeit ihrer Existenz lebte die Menschheit in einer Gleichgewichtswirtschaft. Lediglich in den letzten 200 Jahren und verstärkt nach 1950 ist Wirtschaftswachstum zum vorherrschenden Ziel geworden. Die auf dem Paradigma des Wachstums aufbauende Wirtschaftswissenschaft kopiert die mechanische Physik in Bezug auf Ziele und Werte. Dafür ignoriert sie die Komplexität menschlicher Psychologie.[36] Im Verständnis der beiden Hauptsätze der Thermodynamik fehlt es ihr wiederum an Anerkenntnis physikalischer Gesetze. Sie agiert hier geradezu wie präwissenschaftlicher Schamanismus. Als erster wandte der rumänisch-amerikanische Mathematiker und Ökonom Nicholas Georgescu-Roegen den zweiten Hauptsatz der Thermodynamik in den Wirtschaftswissenschaften an, insbesondere den Begriff der Entropie.[37] Demnach kann Energie nach erfolgten Umwandlungsprozessen niemals in ihren ursprünglichen Zustand zurückgeführt werden. Georgescu-Roegen kritisierte die neoliberalen Ökonomen für ihre Ignoranz dem Umstand gegenüber, dass zunehmende Ressourcennutzung zu einer Erschöpfung der Erdkapazitäten führen würde. Der Lebensstandard der

---

[35] Vgl. Arnold Toynbee, Lectures On The Industrial Revolution In England, 1884

[36] Vgl. dazu exemplarisch: Werner Kroeber-Riel, Konsumentenverhalten, 1975, welches bis heute in ständig aktualisierten aber am mechanistischen Grundansatz festhaltenden, dabei Psychologie und Hirnforschung seit 1950 ignorierenden, Neuauflagen erscheint

[37] Vgl. Nicholas Georgescu-Roegen, The Entropy Law and the Economic Process, 1971

Industrieländer könne für die Zukunft nicht garantiert werden. „Wenn alle fossilen Rohstoffe der Welt verbrannt werden könnten, so würden sie nur das Energieäquivalent von einigen Wochen Sonnenenergie liefern. Sie sind… im Wesentlichen ein Wandlungsprozeß, in dem die Nutzung von Ressourcen, das Ziel von Investitionen, die Richtung technologischer Entwicklung und institutioneller Wandel miteinander harmonieren und das derzeitige und künftige Potential vergrößern, menschliche Bedürfnisse und Wünsche zu erfüllen.“ [38] Der zweite Aspekt fordert eine ganzheitliche Verhaltensänderung, die auch als *starke Nachhaltigkeit* bezeichnet wird. In jüngster Zeit wird dafür häufig das Wort *enkelgerecht* verwendet. „Wenn wir über Details hinwegsehen, können wir sagen, dass jedes heute geborene Baby ein menschliches Leben weniger in der Zukunft bedeutet. Aber auch jeder Cadillac, der irgendwann einmal produziert wird, bedeutet weniger Leben in der Zukunft.“ [39] Der 2022 verstorbene US-amerikanische Ökonom und Schüler von Georgescu-Roegen Herman Edward Daly betrachtete Wirtschaftswachstum als falsche Antwort auf ökonomische Probleme. Er prägte den Begriff des *uneconomic growth*, des unökonomischen Wachstums, dessen Schäden höher seien als die Vorteile. [40] Der Schweizer Ökonom Hans Christoph Binswanger, Doktorvater von

---

[38] Ders., zitiert in: Nikolaus Piper, Vor uns der Niedergang, Die Zeit, 26.2.1993

[39] Ders. a.a.O.

[40] Vgl. Herman E. Daly, Beyond growth. The economics of sustainable development, 1996

Ex-Deutsche-Bank-Chef Josef Ackermann, verwies darauf, dass die Modelle der Wachstumstheorie die Produktionsfaktoren Natur und Energie in der volkswirtschaftlichen Gesamtrechnung unberücksichtigt lassen. Wachstum verbrauche stets Natur.[41] Warum ist es so schwer, Naturschutzmaßnahmen umzusetzen? Unter anderem, weil der Wert der Natur schwer quantifizierbar und damit schwer vermittelbar ist. Insektensterben ist schlecht, doch ohne Pestizide gehen Teile der Ernte verloren. Parks in Städten sind wichtig, aber wir brauchen auch Wohnraum. Naturschutzmaßnahmen sind langfristig angelegt für Ressourcen, die als selbstverständlich angesehen werden. Also werden sie oft von kurzfristig akuteren Problemen übertrumpft. Selbst wenn man die Natur als unendlich wertvoll einschätzt: Mit *Unendlich* lässt sich ebenso wenig rechnen wie mit *Null*. Ein Ansatz, daran etwas zu ändern, wäre der Index Brutto-Ökosystem-Produkt (BÖP). Im Gegensatz zum BIP (Bruttoinlandsprodukt), bezieht das BÖP *Natürliches Kapital* in seine Berechnung alle Aspekte der Natur ein, die Nutzen für Mensch und Wirtschaft haben: natürliche Auen, die vor Hochwasser schützen; Gewässer, die sich selbst reinigen und damit für besseres Grundwasser sorgen; Holz, wilde Früchte, Heilpflanzen.[42] Für den 2018 verstorbenen Binswanger stand Geld in der Doppel-

---

[41] Vgl. Hans Christoph Binswanger, Geld und Natur. Das wirtschaftliche Wachstum im Spannungsfeld zwischen Ökonomie und Ökologie, 1992

[42] Vgl. Gretchen Daily (Hrsg.), Nature's Services: Societal Dependence on Natural Ecosystems, 1997

funktion von Zahlungsmittel und Kapital. Geldschöpfung sei der Motor des Wachstums, aus dem Zwang zu weiterem Wachstum entstehe, weil Gewinne, die die Unternehmen heute erzielen, die Investitionen von gestern rechtfertigen müssten.[43] Binswanger war Initiator der Vereinigung für Ökologische Ökonomie (VÖÖ). Diese vertritt die Ansicht, dass die klassischen ökonomischen Wissenschaften allein mit der sich hieraus ergebenden Reformaufgabe überfordert sind und erklärt: „Andere Wissenschaften, eine veränderungsbereite Politik und die kulturellen Kräfte der ganzen Gesellschaft werden gebraucht, um den notwendigen Wandel umzusetzen und zu gestalten."[44] Seit 2010 tritt die VÖÖ für eine Postwachstumsökonomie ein. Nachhaltigkeit und Wachstum seien unvereinbar, denn es gibt keine Belege, dass sich absolutes Wachstum vom Energie- und Ressourcenverbrauch abkoppeln ließe.[45] Eine Postwachstumsökonomie hingegen basiert auf Reziprozität und Austausch – nicht mehr auf Profitsteigerung. Es bleibt in der Öffentlichkeit jedoch nach wie vor eine äußerst heikle Sache, die heilige Kuh *Wirtschaftswachstum* auch nur flüsternd fragend und mit größter Vorsicht zu kritisieren. Selbst die sozialromantische Linke vermeidet diesen Widerspruch und beschränkt ihre Kapitalismuskritik auf eine Ausbeu-

---

[43] Vgl. Hans Christoph Binswanger, Die Wachstumsspirale, 2007

[44] Christiane Busch-Lüty, Hans-Peter Dürr, Ökonomie und Natur: Versuch einer Annäherung im interdisziplinären Dialog. In: Heinz König (Hrsg.): Umweltverträgliches Wirtschaften als Problem von Wissenschaft und Politik, 1993

[45] Vgl. Jason Hickel, Giorgos Kallis, Is green growth possible?, New Political Economy, 25 (4), 2020

tungsfunktion, die bei uns schon lange nicht mehr das Hauptproblem ist. Sie meidet tunlichst sowohl Kritik am als auch ein deutliches Bekenntnis zum Wachstumsglaube. Denn auch ihr Ökonomieverständnis lässt es nicht zu, dass die vorgebrachten monetären sozialen Forderungen ohne Wirtschaftswachstum möglich sein könnten. Und das sind sie tatsächlich nicht, wenn sie über noch zu erwirtschaftende Mittel schon heute zu verfügen beabsichtigen. Unsere Sozialsysteme verzehren die Früchte der Ökonomie schneller, als diese nachwachsen können, was sich durch steigende Steuern und Neuverschuldung zeigt. Ökonomie basiert auf menschlichem Austausch, auf Kommunikation. Diese wiederum sind eingebettet in Ökologie, die Gesamtheit der materiellen und energetischen Grundlagen – ganz gleich ob belebt oder unbelebt, organisch oder anorganisch. „Wir befinden uns am Ende eines 200 Jahre lang extrem erfolgreichen Lebens- und Wirtschaftsmodells, das unter alten Bedingungen ganz prächtig funktioniert hat. Diese alten Bedingungen existieren nicht mehr. Die alten Bedingungen, das war die Verfügbarkeit eines ganzen Planeten für einen kleinen Teil der Menschheit und seine Wirtschaftsform."[46] Industriestaaten konnten mit Hilfe von Ressourcen aus aller Welt eine fantastische Zivilisationsmaschine betreiben: Gesundheits- und Versorgungssysteme, sozialer Frieden, Sicherheit, Bildung, Wissenschaft und Rechtsstaatlichkeit, angetrieben von fossilen Energieträgern. Diese Form

---

[46] Harald Welzer, Mentale Infrastrukturen, Wie das Wachstum in die Welt und in die Seelen kam, 2011

des Wirtschaftens braucht immer ein Außen, von dem es Ressourcen bezieht. Seit es keine nennenswerten nicht-globalisierten Wirtschaftsregionen mehr gibt, verlagert sich die Plünderung des Planeten vom Raum auf die Zeit. Gegenwart konsumiert Zukunft: Staatsverschuldung, Verwahrlosung von Schulen, Überfischung der Meere, Überladung der Atmosphäre mit Kohlenstoffdioxid und Überdüngung der Böden. [47] Doch anders als die wechselseitige soziale Verstrickung mit der Ökonomie, ist das Abhängigkeitsverhältnis der Ökonomie von der Ökologie unidirektional. Die Verschleierung dieses Zusammenhanges ist eine landläufige menschliche Verblendung. Die Natur braucht den Menschen nicht, aber der Mensch einschließlich seiner Erfindung *Ökonomie* braucht die Natur. Ökonomie, als die Kunst verstanden menschliche Bedürfnisse über die Versorgung mit Materie und Energie zu befriedigen, hat stets Wege gefunden, sich auszuweiten, zu wachsen. Solch eine Ausweitung kann auf Kosten anderer Menschen erfolgen, indem man sie beraubt, ausbeutet, versklavt, in seltenen Fällen auch in Form von Kannibalismus. Sie kann aber auch das Ziel verfolgen, prinzipiell allen Menschen zugute zu kommen. Dann geht es eben auf Kosten von Tieren, deren Lebensraum und Artenvielfalt. Erfolgt das Wachstum schnell und grob, sind die Auswirkungen unmittelbar sichtbar: ausgedörrte Böden, starke Feinstaubbelastung in der Luft, ausgerottetes Großwild, überfischte und verschmutzte Gewässer. Erfolgt das

[47] Vgl. ders. a.a.O.

Wachstum langsamer, feiner, dann sind die Folgen unsichtbarer, auf einen größeren, ferneren Raum und eine fernere Zeit verlagert: CO_2 Konzentration in der Atmosphäre, Abnahme der Artenvielfalt, Zunahme synthetischer Substanzen in Boden und Ozeanen, Störung der Selbstregulierung ganzer Ökosysteme wie Korallenriffe und natürlicher Biotope wie Moore. Ob schneller oder langsamer - diese Art der Ökonomie verzehrt die Früchte der Ökologie schneller als sie nachwachsen können.

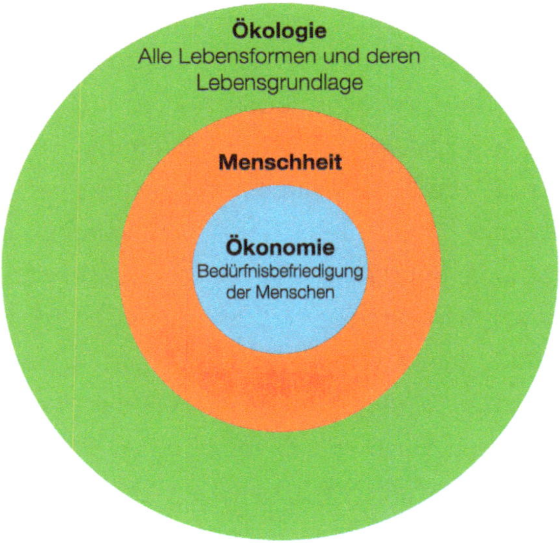

Unser Energieverbrauch ist eine Entsprechung unserer Omnipotenz-Illusion und der vermeintlich unendlichen Leistungsfähigkeit der Gattung Mensch.[48] „Auf diesem

[48] Vgl. Jürgen Osterhammel, Die Verwandlung der Welt. Eine Geschichte des 19. Jahrhunderts. 2009

Planeten ist keinem Lebewesen eine bestimmte Form der Daseinsgestaltung garantiert, ein jedes hat sich anzupassen, auch der Mensch. Was jetzt als *unzumutbar* erscheint, wird sich als heilsam erweisen." [49] In der Rückschau wird die Zeit ab 1950 gern als Anthropozän bezeichnet, des vom Menschen geprägten Erdzeitalters – datiert zum Beginn der Nutzung der Atomenergie. Geprägt wurde das Wort *Anthropozän* durch den Meteorologen Paul Crutzen, der wissenschaftlich mitaufgedeckt hat, dass Fluorchlorkohlenwasserstoffe die Ozonschicht in der Stratosphäre zerstören. „Dem niederländischen Nobelpreisträger ging es nicht darum, das Anthropozän zu überwinden, also den Einfluss des Menschen auf das Erdsystem prinzipiell zu reduzieren. Sein Ziel bestand vielmehr darin, das *schlechte* Anthropozän, in dem wir ohne Sinn und Verstand auf die Natur einwirken, durch ein *gutes* Anthropozän zu ersetzen, in dem die Menschheit ihrer planetaren Verantwortung gerecht wird. ... Das Anthropozän mit dem Besten anreichern, was die Menschheit hervorgebracht hat ... Es reicht leider nicht aus, uns bloß neutral zum Erdsystem zu verhalten, da auch dies über kurz oder lang zu Katastrophen führen würde. Es muss uns vielmehr darum gehen, das für uns so angenehme, erdgeschichtlich aber höchst seltene Klima einer *Warmzeit innerhalb einer Eiszeit* nicht nur gegen anthropogene, sondern auch gegen natürliche Störfaktoren zu verteidigen. ... Hierfür

---

[49] Herbert Gruhl, Glücklich werden die sein... Zeugnisse ökologischer Weltsicht aus vier Jahrtausenden, 1984

allerdings müssten wir das Anthropozän mit dem Besten anreichern, was die Menschheit hervorgebracht hat – nicht mit Plastikmüll, Umweltgiften und lebensfeindlichen Ideologien, sondern mit den großen Errungenschaften der Wissenschaft, Philosophie und Kunst. Nur auf diese Weise können wir einen *positiven Fußabdruck* in der Welt hinterlassen."[50]

Die Entdeckung der verletzlichen Erde

Der Astronaut Edgar Mitchel beschrieb wie viele andere Raumfahrer vor und nach ihm die überwältigende Wirkung des Anblicks unseres blauen Planeten aus dem All: „Der Höhepunkt unserer Reise war die Erkenntnis, dass das Universum harmonisch, zweckvoll und schöpferisch ist. Der Tiefpunkt lag in der Feststellung, dass sich die Menschheit nicht dieser Erkenntnis gemäß verhält." Wir hinterlassen Ein- und Abdrücke: ökologische und soziale. Haben wir überhaupt einen Überblick über das, was wir bewirken, und ob wir die jeweiligen Wirkungen auch beabsichtigen, oder steht einiges davon unseren Absichten entgegen? Wir sind für unser Verhalten, unsere ökosoziale Wirkung verantwortlich. Jeder einzelne. In der modernen Welt ist der Wirkungskreis fast immer größer als der Verantwortungskreis. Unsere Art zu wirtschaften ist sehr wirkungsvoll. Nur die Verantwortlichkeit kann mit dieser Wirkung nicht mit-

---

[50] Michael Schmidt-Salomon, Newsletter Giordano Bruno Stiftung, 01/2024

halten. „Durch unsere Technik sind wir in eine Situation geraten, in der wir dasjenige, was wir herstellen und was wir anstellen können, nicht mehr vorstellen können ... Schon zwanzig Tote sagen uns, mindestens unserem Gefühl, nicht mehr als zehn Tote."[51] Das Auseinanderdriften von Wirkungs- und Verantwortungskreis wirkt sich fatal nicht mehr allein in Bezug auf das zwischenmenschliche Zusammenleben aus, sondern inzwischen auf den Zustand der menschlichen Lebensgrundlage als Ganzes. Wir haben seit Bekanntwerden dieser Erkenntnis nichtsdestotrotz mehr Emissionen, mehr Artensterben und mehr Abfall verursacht als in der gesamten Menschheitsgeschichte zuvor.[52] Die Biomasse des Nutzgeflügels übersteigt die wildlebender Vögel fast um Faktor Drei. Nahezu ein Drittel der Landfläche wird als Weideland genutzt – die größte Einzelkategorie der Landnutzung überhaupt.[53] Ein Drittel der produzierten Nahrungsmittel werden nicht verbraucht, sind Abfall.[54] Auf Abfallentsorgung für Feststoffe entfallen fünf Prozent der Kohlendioxid- und 20 Prozent der Methanemissionen.[55]

---

[51] Günter Anders zitiert nach: Christoph Türcke, Falsche Trennung, falsche Verbrüderung, in: Die Zeit 45/1989

[52] Vgl. Bernd Ulrich, Alles wird anders, Das Zeitalter der Ökologie, 2019

[53] Vgl. Yinon M. Bar-On, et al., The biomass distribution on Earth, Proceedings of the National Academy of Sciences, 115 (25), 2018

[54] Vgl. Jenny Gustavsson, et al., Global Food Losses and Food Waste: Extent, Causes and Prevention, Food and Agriculture Organization of the United Nations, 2011

[55] Vgl. Silpa Kaza, et al., What a Waste 2.0: A Global Snapshot of Solid Waste Management to 2050, World Bank, 20.9.2018

Nur ein Prozent der Stoffe werden recycelt.[56] Und auch beim Recycling wird Material und Energie aufgewendet. Neun Prozent des Plastiks finden den Weg zum ein-, in ganz seltenen Fällen zweimaligen Downcycling, bevor es in der Müllverbrennungsanlage landet. Der größte Teil des „Recycling" ist Illusion, denn es wird gegen Geld von ärmeren Ländern abgenommen. Weil man dafür bezahlt hat, interessiert man sich nicht dafür, was damit geschieht. Davon wird so gut wie gar nichts recycelt, sondern es landet auf Deponien, wird vergraben oder mehr oder weniger aus Versehen ins Meer geleitet. Aber auch vermeintlich ökologisch nachhaltige Produkte haben ihren Footprint und sind nur unter bestimmten Bedingungen nachhaltig. Ein Mensch müsste seine ökologische Stofftasche 50 Jahre tragen, um die Auswirkungen ihrer Herstellung auszugleichen. Unser Selbsterhaltungstrieb müsste uns doch eigentlich signalisieren, dass wir diese selbstverursachten Schäden dringend abzuwenden haben, wenn sie doch unsere eigene Lebensgrundlage bedrohen. Das würde jedoch voraussetzen, den kausalen Zusammenhang nicht nur rational, sondern auch psychomotorisch zu begreifen, dass wir dies nicht nur um der Umwelt, der Tier- und Pflanzenwelt, des Planeten Erde willen, sondern schlussendlich um unserer selbst willen tun sollten. Unsere Spezies hat sich vor gerade einmal 100.000 Jahren durch

---

[56] Vgl. Laura Cozzi, Apostolos Petropoulos, Growing preference for SUVs challenges emissions reductions in passenger car market, International Energy Agency, 15.10.2019

schlaue kollektive Jagdmethoden an die Spitze der Nahrungskette katapultiert. Damit hat uns nach und nach immer mehr die Idee vom unendlichen Wachstum in der Innen- wie in der Außenwelt in Beschlag genommen. Man stellt die eigene kulturelle Praxis einfach nicht in Frage, auch wenn sie die Gefahr der Selbstzerstörung in sich birgt. Daher ist ein *Pessimismus des Verstandes* angeraten, dem unbedingt ein *Optimismus des Herzens* an die Seite zu stellen ist. 1995 veröffentlichte der Physiker Ernst-Ulrich von Weizsäcker zusammen mit weiteren Autoren die Vision von doppeltem Wohlstand mit halbiertem Energieverbrauch.[57] Atomkraft hält Weizsäcker für eine falsche Beruhigungspille. Sie sei erstens nicht von der militärischen Nutzung zu trennen und zweitens suggeriert sie, man könne mit der Energievergeudung so weitermachen wie bisher, was sich sehr viele Menschen verständlicherweise allzu gern wünschen. Wenngleich weltweit mehr Kernkraftwerke als je zuvor in Bau oder Planung sind, sinkt der Anteil der Kernenergie an der globalen Energieversorgung. Denn es werden gleichzeitig zahlreiche Kernkraftwerke stillgelegt. Viele Planungen verzögern sich, werden teurer als ursprünglich angenommen und nur weil atomare Energieerzeugung vor allem von Atommächten politisch gewollt ist, wird sie hochsubventioniert sowie von der Betriebshaftpflicht freigestellt, um überhaupt wirtschaftlich sein zu können. Dabei

---

[57] Vgl. Ernst Ulrich von Weizsäcker, Amory B. Lovins, L. Hunter Logins, Faktor 4: Doppelter Wohlstand – halbierter Naturverbrauch, 1995

bleibt die Frage nach der Endlagerung der Brennstäbe weiterhin unbeantwortet. Auch dass wir über die Digitalisierung Energie und Ressourcen sparen, blieb bislang ein frommer Wunsch. [58] Bislang wächst der Energieverbrauch von Jahr zu Jahr. Elektrogeräte, Kühlschränke, Leuchtmittel, unsere Autos – sind die nicht alle immer energiesparender geworden? Was tun wir da? Der Überbewertung der eigenen Möglichkeiten folgen Enttäuschung und Ohnmacht, die sich dann an Sündenböcken entlädt. Unser Gehirn ist biologisch nur mit erheblichen Energieaufwand in der Lage, ein unserem Wirkungskreis entsprechendes Verantwortungsbewusstsein zu abstrahieren. Und selbst wer dies trotzdem tut, lässt das noch lange nicht hinreichend konsequent in Handlung münden. Unser Gehirn wechselt daher ganz natürlich in den energiesparenden Modus und wir wählen den entlastenden Weg der Leugnung. Wir wirken, ohne sehen zu wollen, was und in welchem Maße. Selten stellen wir die Frage nach der Verantwortung für den Erhalt von Naturgütern. Wer ist für das Land verantwortlich? Wer ist für diesen Baum verantwortlich? Wer ist für diesen Felsen verantwortlich? Wer ist für die Mineralien unter dem Felsen verantwortlich? Wer ist für die Meere verantwortlich? Und wer ist für die Fische und das Öl im Meer verantwortlich? Der Ökonom Daniel Sieben spricht von einer vierfachen Traumaspaltung: der ökologischen Abspaltung von Natur, der sozialen Abspaltung von zwischenmenschlichen Beziehungen, der emotionalen

[58] Vgl. Karl-Heinz Land, Erde 5.0, Die Zukunft provozieren, 2018

Abspaltung von unseren Gefühlen sowie der spirituellen Abspaltung von unserer Identität.[59] Anzahl und Stabilität naher Beziehungen haben in reichen Industrienationen innerhalb weniger Jahrzehnte rapide abgenommen. Die zunehmende Vereinsamung wurzelt im falschen Ideal der Maximierung von Unabhängigkeit und Freiheit sowie der Vermeidung von Abhängigkeit um jeden Preis. Statt erwachsen zu werden, stecken wir in einer kulturellen Dauer-Pubertät. Dabei ist die Gewissheit, sich auf Menschen verlassen zu können, eines unserer tiefsten Bedürfnisse. Beziehungswohlstand bedeutet, sich miteinander zu verbinden.[60] Die emotionale Abspaltung ist Folge eines unheilvollen Umgangs mit immer stärker werdenden Gefühlen von Unsicherheit, Angst und Verlust angesichts instabil gewordener sozialer und ökologischer Rahmenbedingungen. Durch ehrliche Kommunikation, der Mitteilung unserer Empfindungen, Gefühle und Gedanken unserem Gegenüber, ohne sich mit den genannten Empfindungen, Gefühlen und Gedanken zu identifizieren, entsteht aufrichtige Verbindung jenseits manipulativer und taktischer Verfälschungen.[61] *Nachhaltigkeit* ist nicht einfach ein abstraktes, wenn auch lebensnotwendiges Sachthema, sondern wird über die soziale, emotionale und nicht zuletzt auch spirituelle

---

[59] Vgl. Daniel Sieben, Ganz Mensch Sein, Wie wir die Schein-Nachhaltigkeit überwinden – Ein Transformationsleitbild, 2021
[60] Vgl. Vivian Dittmar, Echter Wohlstand, Wie ein gutes Leben für alle gelingen kann, in: Tattva Viveka 89, 2021
[61] Vgl. Gopal Norbert Klein, Der Vagus-Schlüssel zur Traumaheilung: Wie »Ehrliches Mitteilen« unser Nervensystem reguliert, 2023

Ebene geradezu körperlich erfahrbar.[62] Der norwegische Philosoph Arne Næss hat zur Beschreibung dieses Zusammenhanges den Begriff der *Tiefenökologie* geprägt.[63] Mit Empathie für alles Lebendige entwickle sich eine spirituelle und ganzheitliche Umwelt- und Naturphilosophie in Vereinigung von Denken, Gefühl und Handlung.[64] Der Mensch wird sich so seiner Rolle als Bewahrer, aber auch als potenzieller Zerstörer seiner eigenen Lebensgrundlage bewusst. Der Vollständigkeit halber soll hier nicht unerwähnt bleiben, dass sowohl Næss als auch dem Tiefenökologen Ralph Metzner von Kritikern Nähe zu einem der nationalsozialistischen Ideologie nahestehenden Sozialdarwinismus nachgesagt wurde.[65] So sieht Roszak „...die Wurzel des ökologischen Übels in unserer unausrottbaren Überzeugung, dass Menschen jenseits der Natur und über der Natur stehen, sei es als Herr oder als Wächter."[66] Die Tiefenökologie ist gleichsam inspiriert von Systemtheorie und Gaia-Hypothese, also der Metapher von der Beseeltheit des Planeten als Ganzem. Die Überwindung der spirituellen Abspaltung erfolgt durch innere Verbindung mit dem großen Ganzen. Dies umschließt die emotionale, die Beziehungsebene und das

---

[62] Vgl. Daniel Sieben, Ganz Mensch Sein, Wie wir die Schein-Nachhaltigkeit überwinden – Ein Transformationsleitbild, 2021

[63] Vgl. Arne Næss, Shallow and the Deep, in Inquiry, 1972

[64] Vgl. Theodore Roszak, Ökopsychologie – Der entwurzelte Mensch und der Ruf der Erde, 1994

[65] Vgl. Peter Bierl, Grüne Braune. Umwelt-, Tier- und Heimatschutz von rechts. in: unrast transparent – rechter rand Bd. 5, 2014 sowie Bruno Latour, Das Parlament der Dinge, 2010

[66] Theodore Roszak, Ökopsychologie – Der entwurzelte Mensch und der Ruf der Erde, 1994

Ökologische: Wir erkennen, der dringend notwendige ökosoziale Wandel ist eigentlich gar kein Verzicht, sondern enorme Bereicherung und Zugewinn an Lebensqualität.[67] Der Schlüssel liegt im Emotionalen: Solange wir im konsumistischen Koma gefangen sind, fehlt uns das Gespür für diesen Zusammenhang. Stattdessen manifestieren sich Unzufriedenheit, Unausgeglichenheit, Rastlosigkeit, Ängstlichkeit und Krankheit. Wenn Produkte auf ihrem gesamten Wertschöpfungsweg Heilung hinterlassen, gesundet Natur.[68] „Die stärkste Kraft für das Heilsein der Welt ist, die Welt heil zu sehen, zu spüren und zu wissen."[69] Ein Großteil der am Markt angebotenen Produkte verursachen derzeit noch das Gegenteil und geben ihren Käufern gute Argumente, um im Akt der Kaufentscheidung die Mitverantwortung für die Klimakrise und das Artensterben erfolgreich zu verdrängen. Man projiziert seine Aversion auf diejenigen, die an Verantwortung appellieren und damit den liebgewonnenen Lebensstil in Frage stellen, einen Lebensstil, den nordamerikanische Ureinwohner mit dem Wort *Weitiko* beschreiben. Metaphorisch ist Weitiko eine Art Krankheitserreger, der seine Opfer zwinge, seine unersättlichen Bedürfnisse zu stillen, als ob sie sonst hungern müssten. Es seien ausschließlich solche sucht-

---

[67] Vgl. Vivian Dittmar, Echter Wohlstand, Wie ein gutes Leben für alle gelingen kann, in: Tattva Viveka 89, 2021

[68] Vgl. Evelin Rosenfeld, Morgendämmerung, Tattva Viveka 88, 2021

[69] Siegfried Essen, Metanoia – sich selbst und die Welt neu denken: Eine Anleitung zum Bewusstseinswandel, 2021

haften Gewohnheiten, auf die eine Wachstumsökonomie mit den aufgezeigten Fehlentwicklungen abstellt. Selbstsucht mache die Menschheit zu ihrem eigenen schlimmsten Feind, indem sie sich die Kraft der Natur und ihrer Ressourcen zum Sklaven machen und somit selbst versklaven, ohne es zu merken. Schätzungen zufolge haben im Zuge der europäischen Kolonisation des amerikanischen Kontinents bis zu neunzig Prozent der indigenen Bevölkerung ihr Leben verloren, durch Massaker und Infektionskrankheiten. Wir können nur eine ungefähre Ahnung haben, was dieser Prozess für die Überlebenden bedeutet. Indigene Erfahrungsberichte sprechen von sieben Generationen, die es braucht, um ein kollektives Trauma zu beenden, es nicht länger zu vererben. In vielen indigenen Kulturen gehört es zur Lebenspraxis, sich vor jeder wichtigen Entscheidung zu fragen, was die sieben Generationen vor einem in dieser Situation getan hätten und welche Auswirkungen die zu treffende Entscheidung auf die nächsten sieben Generationen haben wird. Man mag sich allzu gern über die angebliche Welt- bzw. Zivilisationsfremdheit indigener Völker und ihre auf uns zuweilen kindlich wirkenden Erklärungsprinzipien lustig machen, wenn sie von Energieträgern „aus der Hölle" sprechen, die wir aus dem Boden hervorholen, während Sonnenenergie aus dem Himmel kommt. Kindlich, besser gesagt: kindisch, ist jedoch vielmehr unser latentes Mangeldenken, getragen durch den Glaubenssatz „Es ist nie genug!". Das führt zu Gier, Ungeduld, Unzufriedenheit und Aggressivität – Antreiber-Tugenden nah an den Werten Wachstum,

Wettbewerb, Effizienz, Rendite und Konkurrenz. Unser Verhältnis zum Geld ist ein Abbild unseres Verhältnisses zu Mangel und Fülle. Fülle entsteht in uns, aus Liebe zum Leben wie auch zu den natürlichen und gemachten Dingen. Denn es ist keinesfalls so, dass das rationale Eigeninteresse, die Triebkraft des Marktes, gleichbedeutend wäre mit Gier als eine Form des irrationalen Überschwangs. Das Netzwerk Achtsame Wirtschaft praktiziert Prinzipien wie Geben, ohne zu erwarten; Impulsdistanz statt Spontankonsum; Gemeinschaftsfähigkeit statt Ausbau individueller Komfortzonen; Geld, um arbeiten zu können, statt Geld für Arbeit zu bekommen, sozusagen als Entschädigung für unsere Aufopferung. Mit zunehmender Achtsamkeit entwickeln wir einen feineren Sinn für den eigenen Wirkungskreis: beim Arbeiten, beim Umgang mit Geld – beim Geben und beim Nehmen – und damit bei jeder wirtschaftlichen Handlung. Die Wirtschaft ist nach buddhistischer Anschauung nicht von anderen Lebensgebieten zu trennen. Sie ist Bestandteil einer gemeinschaftlichen Anstrengung, Probleme der Menschheit zu lösen. Statt Bedürfnisse durch Konsum zu befriedigen – was, wie immer mehr Menschen auch im Westen erkennen, gar nicht funktioniert – setzt eine buddhistische Wirtschaftslehre bei den wirklichen menschlichen Bedürfnisse hinter den Konsumbedürfnissen an. Der deutsche Ökonom und Wirtschaftsethiker Karl-Heinz Brodbeck übt aus buddhistischer Perspektive deutliche Kritik am neoliberalen Wirtschaftsdogma. Die Annahme, das *Ich* sei eine identitäre Handlungseinheit ist eine Illusion. Was wir *Ich* nennen, ist die Erinnerung plus Vorstellung aus einer Vielzahl flüchtiger Empfindungen und Gedanken. Physikalisch verändert sich die Materie unseres Körpers permanent. Es ist äußerst unwahrscheinlich, dass auch nur ein Atom aus unserer Kindheit mit 40 Jahren noch Teil unseres Körpers ist. Auf dieser Täuschung baut jedoch das gesamte Gedankengebäude der neoliberalen Markt-Theorie auf, wie Ludwig von Mises anschaulich demonstriert: „Das Ich ist die Einheit des handelnden Menschen. Es ist fraglos gegeben und kann durch kein Denken aufgelöst werden.“[70] Gerade dieser Gedanke ist die eigentliche Täuschung. Wenn man etwas, das vergänglich ist, als etwas bleibendes Unveränderliches begreift und festhält, entsteht Frustration, sobald sich zeigt, dass Beziehungen zerbrechen, der eigene Körper altert, Reichtümer schwinden. Wenn eine Motivation von dem Irrtum ausgeht, ein von seinen Mitmenschen getrenntes Wesen zu sein, mit je eigenen, privaten Zielen, dann missachtet solch eine Haltung die Erfahrung gegenseitiger Abhängigkeit. Dies führt zur Abgrenzung eines Ego-Territoriums und endlosen Verwicklungen, die uns Menschen leiden lassen.[71] Die Identifikation mit Inhalten wie Körper, Geld, Zahlen, Eigentum oder Rechte resultiert aus der Verblendung durch den Glauben an das bleibende Wesen der Dinge. Wenn daraus Gier erwächst, muss das Ego expandieren, um die Illusion zu nähren, an

[70] Ludwig von Mises, Nationalökonomie, 1940
[71] Vgl. Karl-Heinz Brodbeck, Beiträge zur Grundlegung einer Buddhistischen Ökonomie, 2005

die es sich klammert: Profit- und Nutzenmaximierung, Übernutzung und Ausschlachtung von Ressourcen als *Droge für die Sucht der Verblendung*. Wenn dann ein gieriges Ego auf weitere gierige Egos stößt, stehen sie im Wettbewerb, im Kampf, sind im Krieg, oder hassen einander gar, was zum global unfairen Wettbewerb führt.[72] So wird sehr viel Arbeit, werden aber vor allem unfassbar viel natürliche Ressourcen verschwendet, die ganz und gar nicht der Befriedigung echter menschlicher Bedürfnisse dienen. Süchte verlangen von uns einen hohen karmischen Zoll.

---

[72] Vgl. Ders., Die Herrschaft des Geldes. Geschichte und Systematik. 2009

Teufelskreis von Trennung und Leid

Reden, Tagen und Tun

Es wäre gelogen, zu behaupten, dass Carsons Silent Spring und die Worte des dritten UN-Generalsekretärs Sithu U Thant Ende der 1960er Jahre nichts bewirkt hätten. 1972 wurde die erste UN-Umweltkonferenz in Stockholm einberufen. Im Ergebnis hieß es, die Menschheit habe vielleicht gerade noch eine geringe Chance, ihr Überleben für einige Zeit zu sichern. 1977 gab der damalige US-Präsident Jimmy Carter eine Studie in Auftrag, die als *Global 2000* 1980 veröffentlicht und auch im Ausland breit rezipiert wurde. Ein Jahr zuvor gab es in Genf die erste UN-Klimakonferenz, einberufen von der Weltorganisation der Metereologie. 1982 verabschiedeten die UN (111 Nationen) eine „Weltcharta für die Natur." 1987 folgte das Protokoll von Montreal zur Abnahme der Produktion von FCKW. Im selben Jahr veröffentlichte die Weltkommission für Umwelt und Entwicklung den sogenannten Brundtland-Bericht. Dieser definiert nachhaltige Entwicklung als eine „… Entwicklung, die die Bedürfnisse der Gegenwart befriedigt, ohne zu riskieren, dass künftige Generationen ihre eigenen Bedürfnisse nicht befriedigen könne."[73] Auf der ersten Weltklimakonferenz in Toronto 1988 machten Syukuro Manabe, Michael Oppenheimer und James Hansen vor dem Ausschuss des US-Senats erneut auf den zerstörerischen Einfluss fossiler Energiekonzerne und

---

[73] World Commission on Environment and Development: Our Common Future. 1987

die Desinformation derer Lobbyorganisationen aufmerksam. Sie stellen die Basis für die später folgenden Sachstandsberichte des Weltklimarates dar. Auf der gleichen Konferenz warnte der US-amerikanische Ökologe Thomas Lovejoy, dass die meisten Kämpfe um die Erhaltung der Umwelt in den 1990er Jahren entweder gewonnen oder verloren würden. Danach wird es zu spät sein. Immerhin erfolgte auf dieser Konferenz der Beschluss zur Reduzierung des CO_2-Ausstoßes um 20 Prozent bis zum Jahr 2000 und 50 Prozent bis 2050. Schon zwei Jahre später traf man sich in Genf wieder und auf Drängen der US-Delegation wurde der Beschluss von 1988 zu einer unverbindlichen Aufforderung abgemildert. Auf der UN-Konferenz für Umwelt und Entwicklung 1992 in Rio de Janeiro bekräftigten die 50 anwesenden Wissenschaftler, dass die Forderungen des Gipfels, überall eine wirklich nachhaltige Entwicklung einzuleiten, berechtigt seien und umfassend umgesetzt werden müssen. Fünf Jahre später wurde das Kyoto-Protokoll verabschiedet. Fortan galt das Verbrennen von Biomasse, also auch Holz, als *erneuerbare Energie*, obwohl sie weit mehr CO_2 freisetzt als Kohle. In der Zwischenzeit entwickelten die Ökologen Mathis Wackernagel und William Rees das Konzept des ökologischen Fußabdrucks. Findige PR-Strategen bei British Patrol eigneten sich diese Wortschöpfung später in ihrem Konzept des *persönlichen CO_2-Fußabdrucks* an. Um die Verantwortung auf die Konsumenten allein abzuwälzen? Seit 1995 finden jährlich Weltklimakonferenzen (COP) statt. Wir können es abkürzen: Es gibt immer wieder Vorstöße, Vereinbarungen, Fortschritte, dann wieder Rückschritte. Die Weltklimakonferenzen können als ein Spiegel dessen gelesen werden, wie es um die jeweiligen Kräfteverhältnisse auf dem globalen Parkett gerade bestellt ist. Regierungen stecken im Namen ihrer Staaten unter Einfluss der Public Affairs Bemühungen einheimischer Schlüsselbranchen Claims ab. Dabei haben sie im Ergebnis entweder das Nachsehen oder lenken wahlweise durch Vorstöße bzw. Blockaden das Geschehen. Am Rande von COP25 in Madrid 2019 vermerkte Johan Rockström, Leiter des Potsdam-Instituts für Klimafolgenforschung, „wir laufen Gefahr, uns bei diesen Verhandlungen derart in kleinteiligen Detailfragen zu verlieren, dass wir vergessen den Wald statt der Bäume zu sehen. Es besteht im UN-Prozess die Gefahr einer Enttäuschung, wegen der Unfähigkeit zu erkennen, dass hier ein Notstand vorliegt." [74] Weiterhin bleiben internationale Luftfahrt und Schiffsverkehr bei der Berechnung nationaler Emissionen unberücksichtigt. Mehr als 5000 Frachtschiffe sind auf den Weltmeeren unterwegs. Sie werden fast ausschließlich mit preisgünstigem Bunkeröl betrieben, einem Restprodukt aus der Ölraffinierung. Ein neuer UN-Bericht kommt zu dem Schluss, dass schon die Pläne für weitere Öl-, Gas- und Kohleextraktion in zehn der reichsten Länder der Erde ausreichen, um das 1,5-Grad-Ziel dauerhaft zu reißen. Die weltweiten Pläne überschreiten selbst die Fördermen-

---

[74] Johan Rockström zitiert nach Fiona Harvey: UN climate talks failing to address urgency of crisis, says top scientist. 8.12.2019

gen, die mit einem 2-Grad-Ziel kompatibel wären, noch um 69 Prozent. Zur Spitzengruppe der Länder, die dazu am meisten beitragen, gehören neben Indien (Kohle) Saudi-Arabien (Öl) und Russland (Kohle, Öl und Gas) auch die USA, Kanada und die Vereinigten Arabischen Emirate (VAE). Letzteres ist besonders bemerkenswert, weil in den VAE Ende 2023 die 28. Weltklimakonferenz (COP28) stattfand. Präsident des Gipfels war Sultan Al Jaber, zugleich Chef des staatlichen Ölkonzerns Adnoc, der seine ohnehin gewaltige Ölförderung weiter ausbaut, wobei mit den Ergebnissen der Konferenz das 1,5-Grad-Ziel weiterhin künstlich am Leben erhalten wird. Die COP29 findet 2024 in Aserbaidschan statt, zum dritten Mal in Folge in einem autoritären Staat, der seinen Wohlstand Öl und Gas verdankt. September 2023 trafen sich die Mitgliedstaaten der Vereinten Nationen zur Halbzeitbilanz der UN-Entwicklungsziele, der Social Development Goals. Eines davon lautet *mehr Wirtschaftswachstum*, ein weiteres fordert den *Ausbau von Infrastruktur* mit den Folgen weiterer Versiegelung von Böden, Entwaldung und Vernichtung von Rückzugsräumen für Wildtiere und damit zur vermehrten Übertragung von Krankheitserregern von Tieren auf den Menschen, wie es die Weltgesellschaft mit Covid-19 erlebte. UN-Generalsekretär António Guterres forderte zu Beginn des Gipfels die Mitgliedstaaten auf, sich nicht auf die Ursachen des Scheiterns und gegenseitige Schuldzuweisungen zu fokussieren, sondern die Anstrengungen zum Erreichen der Ziele noch zu verstärken. Festgestellt wurde, dass von 140 bewertbaren Zielen nur etwa 15 Prozent auf dem

Weg sind, bis 2030 erreicht zu werden. Fast 30 Prozent entwickelten sich sogar rückläufig. Der britische Ökonom Nicholas Stern forderte schon vor 15 Jahren, dass Staaten zwei Prozent ihres Bruttoinlandsproduktes für Maßnahmen gegen den Klimawandel aufzuwenden hätten. [75] „Was 1988 ratsam erschien, kommt heute beinahe einem Verleugnen gleich; was 2008 als ehrgeiziges Ziel galt, ist heute hoffnungslos unzulänglich. Und wenn die Kurven nicht umgehend abgesenkt werden, werden die entmutigenden Berechnungen von heute auch nicht mehr funktionieren."[76] Australien bietet der gesamten Bevölkerung des Pazifikstaates Tuvalu Asyl an, falls deren Heimat im Meer versinket.[77] Die UN-Entwicklungsziele dienen letztlich der Aufrechterhaltung einer nicht-nachhaltigen Lebensweise. Während die dominanten Vorstellungen von Wohlstand beibehalten werden sollen, werden gleichzeitig die daraus resultierenden, regelmäßig eintretenden Krisen völlig ausgeblendet. Dennoch gelten in manchen Kreisen selbst die UN-Entwicklungsziele (SDGs) als *ideologischer Irrsinn links-grüner Globalisten*. Laut EU-Wetterdienst Kopernikus war 2023 das global wärmste Jahr seit Beginn der Wetteraufzeichnungen und 1,43 Grad wärmer, als es auf der Erde vor der Industrialisierung gewesen ist. Das ist ein Faktum, das

---

[75] Vgl. Nicholas Stern, Der Global Deal: Wie wir dem Klimawandel begegnen und ein neues Zeitalter von Wachstum und Wohlstand schaffen, 2009

[76] David Wallace-Wells, Die unbewohnbare Erde: Leben nach der Erderwärmung, 2019

[77] Vgl. O.A., Australien nimmt Menschen aus Tuvalu auf, in: Zeit Online, 10.11.2023

von Menschen entweder geglaubt oder für eine Lüge gehalten wird. Wird der Fakt akzeptiert, kann die daran anschließende Interpretation sehr verschieden ausfallen. Woran liegt das? Weil wir Menschen zur gleichen Zeit auf ganz unterschiedlichen Existenzebenen unterwegs sind.

Menschliche Existenzebenen

Schauen wir uns die historische Entwicklung des menschlichen Zusammenlebens an und wie nachhaltig ein Verhalten überhaupt jeweils menschenmöglich ist: Jedes Individuum und jede Form des Zusammenlebens durchläuft Existenzebenen, von der ältesten ausgehend bis zu jener, auf der eine Weiterentwicklung individuell oder gesellschaftlich (vorerst) blockiert ist.

1. Archaische Existenzebene des Überlebens: Ohne Überleben ist alles nichts. Demzufolge passen sich Menschen an: Sie verändern, wenn es sein muss, ihren Aufenthaltsort, verstecken sich, gehen dorthin, wo es mehr zu essen und zu trinken gibt, wo weniger Fressfeinde sind, wo sie weniger fürchten müssen, an der nächsten Lichtung getötet zu werden. Der Überlebenskampf ist bei vielen Menschen auch heute noch präsent - mancherorts täglich. Menschen in Kriegsgebieten, Flüchtende, Obdachlose, wirklich arme, von schlimmen Krankheiten geplagte Menschen und Drogensüchtige, die ihren Schmerzkörper regelmäßig betäuben müssen, finden zuweilen oder auch dauerhaft keine Ressourcen, sich auch um andere oder das Morgen zu scheren. Sie leben, überleben oder sterben im Hier und Jetzt. Ein nachhaltiges Denken findet auf

dieser Ebene noch nicht einmal auf den eigenen Körper bezogen statt.

2. Existenzebene der magischen Gemeinschaftserlebnisse: Sobald sich Menschen nicht mehr ausschließlich um das Überleben in Zweckverbänden zu kümmern hatten, verbrachten sie mehr gemeinsame Zeit beim Essen-Zubereiten, Verspeisen, Geschichtenerzählen und machten sich Gedanken darüber, was nach dem Ableben eigentlich geschieht, warum es Wetterereignisse, erfolgreiche und weniger erfolgreiche Jagdausflüge gibt. Das kollektive Praktizieren von Routinen lässt den individuellen Cortisolspiegel sinken. Man kommt zur Ruhe, wird geerdet. Das Zeit- und Raumbewusstsein verändert sich. Dass unsere Vorfahren auf diese Weise unschuldig in einträchtiger Gleichheit lebten, ist hingegen ein Mythos.[78]
Ende des 19. Jahrhunderts entstanden in Opposition zur sich beschleunigenden Industrialisierung so genannte *Lebensreformbewegungen*. Unter diesem Sammelbegriff wird ein sehr diverses Spektrum von anarchistischen bis völkischen Gruppierungen zusammengefasst. Gemeinsam sind ihnen Zivilisationskritik, die Suche nach dem unmittelbaren Zugang zum natürlichen Menschsein sowie die weitgehende Ablehnung von Industrialisierung, Entfremdung und zunehmender funktionaler Ausdifferenzierung der Gesellschaft. Naturschutzbewegungen entstanden. Jedoch bezog sich das ökologische Bewusst-

---

[78] Nicht zuletzt verbreitet durch Jean-Jacques Rousseau, Abhandlung über den Ursprung und die Grundlagen der Ungleichheit unter den Menschen, 1755

sein nur auf direkt erfahrbare Umwelten. Das Einbeziehen von etwas Abstrakten in den eigenen Verantwortungskreis ist bis heute für Menschen schwierig. Daher sind sie auch kaum für abstrakte Ziele zu gewinnen.

3. Egozentrische Existenzebene – Ausbrechen aus dem Gruppenzwang: Die ersten Gemeinschaften wurden vermutlich aufgrund einer klimatischen Stabilisierung vor ungefähr 11.000 Jahren sesshaft. Sie betrieben zunächst Garten-, dann Ackerbau und begannen mit Viehzucht.[79] Wirtschaft wurde planbarer. Es konnten Vorräte angelegt werden. Damit veränderte sich auch die kulturelle Praxis des Zusammenlebens. Auf Landnahme und Einhegung folgte das Konzept des Besitzes. Auf dieser Existenzebene entstand die Philosophie des *Macht euch die Erde Untertan!*.[80] Auf der individuellen Ebene ist das die Strum-und-Drang-Phase, der Beginn der Pubertät. Das Individuum löst sich von der Übermutterung, den Regeln von „Elternhaus und Schule“, will seinen Impulsen jetzt und sofort folgen, sich endlich seine Freiheit und gefühlten Rechtsansprüche (zurück)erobern. Das Individuum weitet seinen Wirkungskreis aus. Psychologen nennen das die Selbstwirksamkeitserfahrung. Auf dieser Existenzebene ist das Bedürfnis danach grenzenlos und strebt nach unendlicher Ausweitung. In Zeitaltern, in denen diese Existenzebene gesellschaftspolitisch domi-

---

[79] Vgl. Brian Fagan, The Long Summer: How Climate Changed Civilisation, 2004

[80] Vgl. Phillip Blom, Die Unterwerfung: Anfang und Ende der menschlichen Herrschaft über die Natur, 2022

nant war, weiteten Gemeinschaften ihren Einflussbereich aus, eroberten weite Gebiete, versklavten jene, deren Territorium sie verschlangen, wenn diese nicht rechtzeitig zu fliehen vermochten, entstanden Reiche. Auf dieser Existenzebene ruht die Keimzelle der explodierenden Expansion der Gattung Mensch auf dem Planeten. Wenn Menschen durch gesellschaftliche oder persönliche Krisen geschwächt sind, greift die Psyche auf diese ältere und aufgrund ihres Aggressionspotenzials als erfolgsversprechend und lösungsorientiert erlebte Ebene zurück. Freiwilliger Verzicht ist hier so abwegig, wie nur irgendetwas sein könnte. Man orientiert sich an Führungsfiguren, die geradeaus schauen, ausschließlich geradeaus, ohne Blick in den Seiten- oder gar Rückspiegel, Figuren, die außer auf dieser Existenzebene als *toxische Leader* tunlichst gemieden würden. Es ist nur naheliegend, wenn man sich hier durch Fleischverzehr und den Einstieg in ein Monstertruck-ähnliches Fahrzeug zu stärken sucht und jeden plattzumachen trachtet, der sich dem entgegenzustellen wagt, denn das wäre ein empfindlicher Angriff auf die eigene Integrität, ein Infragestellen der Identität. Appelle an soziale oder gar ökologische Mitverantwortung können auf dieser Ebene also nur auf erbitterten Widerstand stoßen. Hier neigt man dazu, die eigenen Gefühle zum Maß aller Dinge – gerade im Außen – zu machen. Aus dieser Perspektive betrachtet, ist das Ausbremsen der Vergrößerung des eigenen Wirkungskreises durch Verantwortungsbewusstsein geradezu widersinnig. So gesehen ist der sich scheinbar immer weiter ausbreitende Hass auf die Grünen weit über die

Anhängerschaft der AfD hinaus absolut folgerichtig. Nachhaltigkeit widerspricht dem dieser Existenzebene innewohnenden skrupellosen Egozentrismus, der nur Sinn für das Jetzt und Sofort kennt.

4. Regelbasierte Existenzebene – sich auf gesellschaftliche Konventionen verlassen: Gesellschaftshistorisch sind auf allen Teilen der Erde zu ganz unterschiedlichen Zeiten Menschen zu der Einsicht gekommen, es brauche Regeln, die für alle verbindlich sind, aus denen sich nicht einmal der Mann an der Spitze der Pyramide herausnehmen dürfe. Regeln und Normen auf Moral beruhend – erst das könne Zivilisation genannt werden. Vor dem Hintergrund des englischen Bürgerkrieges stellte der Staatstheoretiker Thomas Hobbes die These auf, dass Menschen so lange unzivilisiert und einander Wölfe gewesen seien, bis eine staatliche Ordnung sie gezähmt hätte, die Triebe jedoch nie überwinden, sondern nur im Zaume halten könne.[81] Wirklich stabile Gesellschaften könnten erst auf Basis einer verlässlichen staatlichen Struktur entstehen, die nicht oder eben nur sehr lose mit konkreten Herrschern verknüpft sind. Die frühesten Reiche, die eine stabile von konkreten Machtträgern weitgehend unabhängige Konstruktion sicherstellen konnten, basierten auf religiösen Glaubensgebäuden. Es waren (und sind) freilich Strukturen mit einer pyramidalen Machthierarchie, welche jedoch auch einen friedlichen gesellschaftlichen Aufstieg von geistlichen

---

[81] Vgl. Thomas Hobbes, Leviathan or the Matter, Forme and Power of a Commonwealth Ecclesiasticall and Civil, 1651

und weltlichen Würden- bzw. Verantwortungsträgern ermöglichen. Reiche, auch mit multi-ethnischer Bevölkerungsstruktur, konnten auf diese Weise nur geführt werden, wenn es ein übergreifendes Glaubenssystem gab, das zumindest die Führungseliten als absolut verbindlich anerkannten. Die Bereitschaft zum Befolgen bindender Entscheidungen ist hier gut manifestiert. Ohne Glaube an die Richtigkeit der herrschenden Regeln bleibt es Tyrannei. Die Sehnsucht nach funktionierenden Strukturen, die das Wilde, Ungestüme, affektiv Gewalttätige im Menschen zähmen, ist vielschichtig und lässt sich historisch nicht auf eine bestimmte Epoche beschränken. Diese Entwicklung hing eng zusammen mit der Erweiterung des intellektuellen Horizonts über Europa hinaus, die den Entdeckungen vor allem des amerikanischen Kontinents folgte, aber auch mit der Migration gebildeter Flüchtlinge aus dem untergegangenen Byzantinischen Reich, die zudem fast vergessene antike Schriften mitbrachten. Verantwortung für Mitmenschen, Tiere, für die belebte und unbelebte Umwelt gibt es auf dieser Existenzebene lediglich auf Grundlage eines moralischen „ich will richtig sein, um keine Probleme mit dem Gesetz zu bekommen" – ganz gleich, ob dieses Gesetz religiöser oder ideologischer Natur ist. Eine intrinsische Mitverantwortung bildet sich erst auf der nächstjüngeren Existenzebene aus.

5. Existenzebene – gesellschaftliche Konventionen hinterfragen: „Aufklärung bezeichne nicht einen Zustand, sondern einen Reifeprozess, in dem Individuen allmählich lernen, die Probleme, die sich ihnen stellen, mit

der eigenen *Vernunft* zu lösen."[82] Starre Gesellschaftssysteme gerieten erstmals in eine staatliche Krise, als die Welt in einen turbulenten Umbruch geriet. In Europa waren es die durch die globale Abkühlung (kleine Eiszeit) ab dem Spätmittelalter sich verschlechternde Ernährungslage, Pestepidemien und anschließende Glaubenskriege.[83] Technologischer Fortschritt ließ eine von der Kirche unabhängige Unternehmer-Elite entstehen. Absolute Wahrheiten gerieten ins Wanken. Die Wissenschaften lösten sich nach und nach von kirchlichen Fesseln. Die Aufklärung befasste sich nach den Naturwissenschaften auch mit gesellschaftspolitischen Fragen und es kristallisierte sich eine mentale Anteilnahme am politischen Geschehen heraus. Recht hat nicht mehr jener, der qua Amt über den besten Draht zu Gott verfügt, sondern wer wirtschaftliche und/oder mediale Anschlussfähigkeit erreicht. Immanuel Kant begründete mit seinem ethischen Imperativ eine selbstreferenzielle Handlungsanleitung, die ohne blinden Glauben auskommt, die den kritischen Geist, individualistische Bedürfnisse und gleichsam gemeinschafts- und gesellschaftsbejahende Perspektiven einschließt sowie diese auch einfordert.[84] Auch der Gedanke, anstatt sich zu bekriegen, miteinander im wirtschaftlichen Wettbewerb zu

---

[82] Moses Mendelssohn, in: Berlinische Monatsschrift, 1784

[83] Vgl. Philipp Blohm, Die Welt aus den Angeln: Eine Geschichte der Kleinen Eiszeit von 1570 bis 1700 sowie der Entstehung der modernen Welt, verbunden mit einigen Überlegungen zum Klima der Gegenwart, 2018

[84] Vgl. Immanuel Kant, Kritik der Urteilskraft, 1790

stehen, wurde bereits von Kant skizziert.[85] Die hierdurch zum Ausdruck gebrachte Existenzebene ist höchst anpassungsfähig und prägt die Form unseres gegenwärtigen Zusammenlebens einschließlich unserer Gesetze, wirtschaftliche und staatliche Strukturen bis heute sehr offensichtlich. Mit Max Weber war das aufstrebende Bürgertum die treibende Kraft des Puritanismus in England. Die puritanische Orientierung als Geisteshaltung ist diesseitsorientiert. Sie bejaht die Zuwendung zur irdischen Welt.[86] Die Prädestinationslehre betrachtet das Lebenskonzept *Arbeit* als eine erstrebenswerte Norm und deutet ökonomischen Erfolg als Zeichen der Auserwähltheit. Die innerweltliche Askese verlangt Konsumverzicht und fördert damit die Kapitalakkumulation. Die Disziplinierung durch den Prozess der Zivilisation ersetzte Fremdzwang durch Selbstzwang.[87] Auf dieser Existenzebene muss niemand mehr um das tägliche Überleben kämpfen. Natürliche Knappheit ist überwunden. Um das Rad am Laufen zu halten, wird künstliche Knappheit durch Marketing stets neu suggeriert, denn nur aus der Angst, es könnte nicht reichen, man könnte etwas verpassen oder im Nachteil sein, kaufen wir. Bedarfsdeckung ist Bedarfsweckung gewichen. Zweifels-

---

[85] Vgl. ders., Zum ewigen Frieden. Ein philosophischer Entwurf, 1795

[86] Vgl. Max Weber, Die protestantische Ethik und der Geist des Kapitalismus, In: Archiv für Sozialwissenschaft und Sozialpolitik, 1904

[87] Vgl. Norbert Elias, Gesammelte Schriften, Band 3: Über den Prozess der Zivilisation. Soziogenetische und psychogenetische Untersuchungen, 2002

ohne hat uns diese Existenzebene ein erhebliches Maß an Freiheit und Wohlstand gebracht. Sie verlagerte jedoch das Frustpotenzial auf das Individuum. „Dass Konsum nicht glücklich macht, sollte sich mittlerweile bis in den letzten Winkel der Gesellschaft herumgesprochen haben, was gleichwohl längst nicht bedeutet, dass es leicht sei, von dieser Droge runterzukommen, gewiss nicht. Wir Menschen sind mit der Funktion *Konsum* nicht nur, aber vor allen Dingen als Motor einer wachstumsabhängigen Wirtschaft eng verwoben.“[88] Es verwundert vor diesem Hintergrund ganz und gar nicht, dass die globale Ausbreitung dieser Existenzebene in den vergangenen 250 Jahren dazu geführt hat, dass inzwischen ein Großteil der planetaren Grenzen überschritten wurden, natürlich auch weil sich die Weltbevölkerung seither verzehnfacht hat, wenngleich diejenigen, die erfolgreich auf dieser Ebene unterwegs sind, also auch über höhere finanzielle Mittel zum Konsum im großen Stile verfügen, den Mammutanteil an diesen Veränderungen verursachen. Das obere 1 Prozent leistet sich einen Lebensstil, der doppelt so viel Emissionen produziert wie die unteren 50 Prozent. „Die indigenen Völker machen etwa 5 Prozent der Weltbevölkerung aus und leben auf 28 Prozent der weltweiten Fläche. Aber sie sind verantwortlich für die Bewahrung und Erhaltung von 80 Prozent der Artenvielfalt, die sich neben uns Menschen auf Mutter Erde findet.“ konstatiert die brasilianische Ministerin für

[88] Klaas Kramer, Deutschland in der Krise, Nur durch eine weise Politik zu überwinden, 2020

indigene Völker Sônia Guajajara. Der globale Süden trägt 82 bis 92 Prozent der ökonomischen Kosten des Klimawandel und 98 bis 99 Prozent der mit dem Klima zusammenhängenden Todesfälle.[89] Im Norden wird der Umgang mit dem Klimawandel technologisch und wissenschaftlich besprochen. Im Süden dominiert die Disparität von Macht und Wohlstand die Debatte. Der Wirkungskreis eines jeden Menschen hat sich vervielfacht, während der Verantwortungskreis zwar mitgewachsen ist, aber nicht in annäherndem Maße. Das Nichtwahrnehmen und zumindest bis zu dieser Existenzebene auch Nichtwahrhabenwollen des eigenen Wirkungskreises führt zu Unverbundenheit und damit zu spiritueller Verunsicherung. Die wiederum sucht sich Projektionsflächen für die angeblichen Ursachen dieses Unbehagens. Um diese zu erklären, werden mentale Konzepte bemüht, die ihren Ursprung auf älteren Existenzebenen haben. Wir sind auf dieser in der industriell geprägten westlichen Welt bis heute dominierenden Existenzebene symbiotisch mit dem Gewöhnen an Wohlstand, Bequemlichkeit und Verfügbarkeit von erschwinglichen Konsumgütern darauf getrimmt, unsere Identität über den Verbrauch von Waren zu definieren. Der Weg zu immer mehr Freiheit und immer vollkommenerer Beherrschung der Natur sind zwei eng miteinander verflochtene Zweige, die diese Existenzebene

---

[89] Vgl. Jason Hickel, Quantifying national responsibility for climate breakdown: an equality-based attribution approach for carbon dioxide emissions in excess of the planetary boundary, in: Lanced Planetary Health 4 (9), 2020

ausmachen. Das nach wie vor tief in unseren Gesellschaften aktive neoliberale Heilsversprechen des Konsumismus hat aus der dritten Existenzebene die Formel *Je höher dein ökologischer Fußabdruck, desto besser dein gesellschaftlicher Status* übernommen. Von Armut bedrohte Rentner werfen Essensreste weg und lassen Pfandflaschen stehen, um sich selbst und anderen gegenüber zu vergewissern: „So arm sind wir noch lange nicht." Das Auto wird trotz hoher Spritpreise keineswegs für ein Deutschlandticket stehen gelassen, weil man sich über Jahrzehnte damit arrangiert hat, sein Selbstverständnis darüber zu definieren. Doch die Generation, die mit gesättigten materiellen Grundbedürfnissen aufgewachsen ist, hat längst den postmateriellen Wertewandel vollzogen.[90]

6. Existenzebene – Der erste Versuch, die Welt zu umarmen: Immer mehr Menschen suchen nach Sinn jenseits immer wieder auf's Neue zu stillender Konsumbedürfnisse. Hier wird die Suche nach Wärme, nach Verbundenheit und einer Identität aufgenommen, welche jedoch nicht mehr lokal und durch tradierte Autoritäten alternativlos geliefert wird, sondern mit Blick auf soziale, mediale und geographische Mobilität und auf Basis für selbstverständlich genommener und staatlich verbriefter individueller Grundrechte selbst ausgewählt und im Verlaufe des Lebens auch immer wieder angepasst und infrage gestellt werden kann. Leitend ist auch nicht mehr

---

[90] Vgl. Ronald Inglehart, The Silent Revolution. Changing Values and Political Styles Among Western Publics, 1977

der eigene Vorteil im Wettbewerb, sondern das Bedürfnis, niemanden zu verletzten, zu benachteiligen oder auszubeuten, was den Planeten Erde als Ganzen mit einschließt. Man möchte am liebsten die ganze Welt umarmen. Hier beginnen Menschen, an ihrer Empfindsam- und Beziehungsfähigkeit zu arbeiten. Sie fangen an, darüber zu reflektieren, welche Qualität ihre Beziehungen zu anderen Menschen haben und welche Wirkungen ihr Verhalten, ihre Kommunikation bei anderen auslösen. Der mit dieser Existenzebene aufblühende horizontale Pluralismus löst oligarchische Strukturen auch jenseits von Politik und Wirtschaft ab. Auf dieser Existenzebene vermeiden Führungskräfte den Anschein von Elitismus und erheben selten Anspruch auf ihre Überlegenheit gegenüber anderen Mitgliedern der Gesellschaft, bis hin zur Negation von Autorität.[91] Ihren Durchbruch erlebte diese Existenzebene mit den so genannten neuen sozialen Bewegungen in den 1960er Jahren. Auf dieser Ebene explodiert geradezu das Bewusstsein für zahlreiche subtile Ausdifferenzierungen mit Sensibilität für soziale, ökologische, historische, geographische und epidemiologische Verantwortungskreise. Erst mit der Ausprägung dieser Existenzebene konnte sich die Bereitschaft durchsetzen, die Augen für den kritischen Zustand unseres Planeten zu öffnen. Die Sensibilität für Ungerechtigkeiten, für noch zu überwindende diskriminierende Strukturen auch in der Sprache führt zu all jenen Entwick-

---

[91] Vgl. Frank Furedi, Machtspiel: Wer herrscht heute wirklich?, auf: Novo Argumente, 13.11.2023

lungen, die sich denjenigen, die dafür kein Verständnis aufbringen, als Neiddebatte, Kulturmarxismus, Feigenblätter, volksferne Elfenbeintürme oder Identitätspolitik darstellen – zuletzt mit Vorliebe durch die neudeutsche Vokabel *Wokeness* versehen. Und tatsächlich wirkt horizontaler Pluralismus reflexiv, denn jede Rücksichtnahme auf eine Minderheit bringt zwangsläufig zumindest temporär eine Diskriminierung einer anderen Minderheit mit sich. Es liegt in der Natur der Sache, dass jeder Fokus einen blinden Fleck hat, wie der Schein einer Taschenlampe das unbeleuchtete Umfeld noch unsichtbarer macht. Wenn öffentlich-rechtliche Medien einerseits Dokumentationen von der Pluralität der Lebensentwürfe zeigen, im *Tatort* dann der fleischgrillende SUV-Fahrer im besten Fall die Funktion des Antihelden, meist jedoch die Rolle einer vom Aussterben bedrohten Randfigur mit schmierigem Charakter zugewiesen bekommt, kann auch das als Diskriminierung gelesen werden. Gesellschaftliche Ausdifferenzierungen bedeuten für die einen Emanzipation, für alle anderen sind sie eine Einschränkung ihrer Gewohnheitsrechte, ihrer Handlungsfreiheit und werden in Ermangelung der Kenntnis dieser Existenzebene als ein Erliegen der Versuchungen der Unfreiheit fehlgedeutet.[92] Aber selbst die längst für jene, die sich gegen jeden Hinweis auf den eigenen Wirkungskreis wehren, zum Hassobjekt gewordene Greta Thunberg bekennt: „Wichtig ist allerdings, dass wir

---

92 Vgl. Ralf Dahrendorf, Versuchungen der Unfreiheit. Die Intellektuellen in Zeiten der Prüfung, 2006

niemanden für das, was er oder sie tut oder nicht tut, anprangern. Das Leben ist ohnehin schon kompliziert genug."[93] Ein nicht unerheblicher Kritikpunkt kommt aus dem Effizienz-Denken der fünften Existenzebene. Die Berücksichtigung immer mehr marginalisierter Bedürfnisträger, noch Ungeborener, der überschrittenen planetaren Grenzen, die unsere Aufmerksamkeit erfordern, unsere Zeit, unser Geld – all das sind Ressourcen, die naturgemäß endlich sind. Immer mehr Menschen stört es, dass Deutschland die Verzettelung in Nebensächlichkeiten drohe. Es bringt sie auf die Palme. Die Lösung kann jedoch nicht im Rückfall zu Ignoranz, Egozentrismus oder Unterkomplexität liegen. Lösungen für die ungelösten Herausforderungen einer Existenzebene liegen immer nur auf der nächsten Existenzebene. Die Antwort auf den Widerspruch aus horizontaler Pluralität und der gefühlten Einschränkung der Freiheit durch die Akteure auf dieser Existenzebene liegt im Bewusstmachen der Vielfalt der Existenzebenen: der vertikalen Pluralität.

7. Existenzebene – Horizontale und vertikale Pluralität verstehen: Unsere Welt ist von vielen gleichermaßen präsenten Existenzebenen geprägt und die politischen Akteure sind mit der anspruchsvollen Herausforderung konfrontiert, nicht nur Transformationsprozesse auf der Sachebene zu managen – ganz gleich, ob sie sie nun gestalten oder als *feindgemacht* bekämpfen –, sie haben auch auf die Bedürfnisse und Ansprüche ihrer Bevölkerung zu achten, die auf allen bis hierher beschriebenen

---

[93] Greta Thunberg, in dies. (Hrsg.), Das Klima-Buch, 2022

Existenzebenen unterwegs ist. Das betrifft insbesondere das Spannungsfeld zwischen einer ökologisch nachhaltigen Transformation der Wirtschaft und den ökonomisch-sozialen Erwartungen, die keinen Aufschub dulden. Zudem sind unsere institutionalisierten trägen Strukturen alles andere als krisenresistent und veränderungskompatibel. Bislang gilt es als stille Übereinkunft, dass ökonomisches Nullwachstum der Tod jeder Politik ist. Denn nach heutigem mehrheitlich akzeptiertem Verständnis können ohne Wachstum auch keine politischen Forderungen mehr erhoben werden.[94] Auf dieser Existenzebene relativiert sich alles, selbst die humanistische Basis und das Toleranzgebot. Menschen, die die ganze Welt umarmen wollen, berücksichtigen alle erdenklichen benachteiligten Gruppen, jedoch nicht den Bauarbeiter, der gerne Auto fährt und Fleisch isst. Nun fühlt der sich auf einmal nicht gesehen von der Politik, fühlt sich benachteiligt, marginalisiert. Toleranz gegenüber Verhaltensweisen, die ihren Ursprung auf älteren Existenzebenen haben, entsteht erst auf dieser Ebene. Erst hier verstehen wir, warum Menschen sich einen Scheißdreck um die Umwelt sorgen, weil sie eben auf älteren Existenzebenen unterwegs sind. Man kann ihnen helfen, jüngere Ebenen in sich erwachen zu lassen, aber eben auch nur Schritt für Schritt. Auf jeder Ebene muss eine andere Methode gewählt werden: Fridays for Future spricht nur Menschen an, die bereits die sechsten Ebene erreicht haben. Auf der fünften Ebene muss ein persön-

---

[94] Vgl. Hans Blumenberg, Die Vollzähligkeit der Sterne, 1997

licher materieller Nutzen versprochen werden. Regeln und Verbote finden nur auf Ebene Vier Akzeptanz, wenngleich nur auf eine äußerliche, aber immerhin verhaltensrelevante Weise ohne tieferes Verständnis. Menschen auf Ebene Drei hingegen wehren sich mit Gewalt dagegen, wie sich zur Selbstjustiz berufen fühlende Autofahrer gegenüber angeklebten Aktivisten der *Letzten Generation*. Menschen auf der zweiten Existenzebene kaprizieren sich auf Verschwörungsmythen und auf der ersten Ebene lässt der gerade eingeschlafene Obdachlose in der S-Bahn seine halbvolle Bierflasche fallen, die dann durch den Waggon rollt und ausläuft. Auf der ersten Ebene plündern Familien Kleidercontainer und lassen die Sachen, die sie nicht möchten, im Regen liegen, während die aufgerissenen Plastiktüten vom Wind in den Park geweht werden. Auf der siebenten Existenzebene beginnen wir, „...unsere eigene, aufgeklärte Haltung immer wieder von Neuem wissens- und nicht gewissheitsbasiert [zu] hinterfragen und weiter[zu]entwickeln, damit sie den auf uns zukommenden Aufgaben gerecht wird.“ [95] Diese Ebene fordert Mut zum kunterbunten Menschenleben und noch mehr Mut, alle anderen so bunt sein zu lassen, wie sie sein möchten. „Bunt sein“ ist eben nicht nur multi-ethnisches Kulti (horizontal = aus aller Welt), sondern auch multi-Existenzebenen Kulti (vertikal = manchmal impulsgesteuert-egozentrisch, manchmal nachhaltig-verantwortungsvoll). Auf dieser Ebene ver-

---

[95] Hannes Androsch, Vorwort in: Philipp Blom, Aufklärung in Zeiten der Verdunkelung (Auf dem Punkt), 2023

schwindet die Angst, dass es nicht mehr gelingen könnte, bestimmte Klimaziele zu erreichen und Kippunkte abzuwenden. Es ist dann wie es ist, weil die Existenz der Menschheit vom Bewusstsein der Menschen abhängt. Und das ist eben unterschiedlich verteilt. Dazu braucht es jedoch mehr als das rationale Verständnis um die Vielfalt und Gleichzeitigkeit der Existenzebenen. Gleichmut gegenüber den Widrigkeiten des Lebens, nicht nur des eigenen, sondern vor allem dem Leben als Ganzem – das führt uns zur achten Existenzebene.

8. Alle Existenz-Ebenen integrieren und transzendieren: Die Existenzebenen zu kennen und zu verstehen, ist das eine. Sie urteilsfrei anzuerkennen und zu integrieren, ist der erste Schritt zu einer neuen Existenzebene. Dieser Schritt verlangt einiges ab, denn wer verachtet nicht doch insgeheim einige dieser Ebenen bei anderen und damit letztlich bei sich selbst? Die vertikale Toleranz der siebenten Existenzebene entwickelt sich hier weiter zur vertikalen Integrität, dem Einschließen und Transzendieren der verschiedenen Existenzebenen. *Einschließen* bedeutet, sich der nächstjüngeren Existenzebene zu öffnen und dabei sowohl Bedürfnisse der Autonomie wie auch der Verbundenheit zu erfüllen. *Transzendenz* bedeutet zusätzlich, auch bislang unterdrückte (im Schatten liegende) abgespaltene Anteile älterer Existenzebenen und alle damit verbundenen Bedürfnisse anzunehmen. Wenn dies gelingt, gibt es keine Aversion

mehr gegenüber älteren Existenzebenen.[96] Auf dieser Ebene reagieren wir nicht mehr mit Abscheu oder Ekel, sondern mit Liebe und Mitgefühl, wenn eine Frau vom Bug ihrer Yacht Zigarettenkippen in den See schnippt, wenn jemand 20 Steaks aus Massentierhaltung auf den Grill legt, den er vorher mit Brandbeschleuniger angefeuert hat, die Hälfte der Steaks anbrennen lässt und diese zum Schluss zusammen mit Flaschen, Papptellern, Plastikbesteck und der nassen Holzkohle in der gelben Tonne entsorgt. Auf dieser Existenzebene entwickelt sich die Fähigkeit, auch unausgesprochene Motive, Gefühle und Absichten anderer Menschen nachempfindend zu verstehen und sich für diese Motive, Gefühle und Absichten aufrichtig zu interessieren. Das beginnt bei der Anerkennung, dass es unterschiedliche Motive, Gefühle und Absichten gibt, die auch diametral entgegengesetzt und dennoch gleichermaßen berechtigt sein können und es auszuhalten, wenn die eigenen Motive, Gefühle und Interessen nicht oder nur eingeschränkt durchsetzbar sind. Mitgefühl bedeutet, wir können uns ohne emotionales Mitschwingen in den Anderen hineinversetzen, um etwas tun zu können, damit es dem anderen etwas besser geht. Auf dieser Existenzebene dienen wir dem Leben als Ganzem, das eigene Leben geht darin auf, steht aber nicht mehr im Mittelpunkt. Diese Keine-Person-Perspektive übersteigt und transzendiert alle Begrenztheiten einer egoischen Perspektive. Ab dieser Existenzebene sind wir

---

[96] Vgl. Ken Wilber, Integrale Spiritualität: Spirituelle Intelligenz rettet die Welt, 2007

im *Zeugenbewusstsein.*[97] Auf jeder nächsten Existenzebene wird das Subjekt der vorherigen Ebene zum Objekt. Auf der achten Existenzebene brauchen wir keine Hoffnung mehr. Wenn Herausforderungen unserer Zeit nur durch eine ambiguitätstolerante und resiliente Kompetenz sowohl in Sachen horizontaler als auch vertikaler Pluralität zu meistern sind, so ist es umso leichter, wenn Akteure und Führungskräfte auch alle Existenz-Ebenen eingeschlossen und transzendiert haben. Die Bereitschaft, sein Verhalten hinreichend auf ökologische Nachhaltigkeit abzustellen, ist nur dann vorhanden, wenn Menschen mindestens die meiste Zeit ihres Lebens auf der sechsten Existenzebene „Der erste Versuch, die Welt zu umarmen." verweilen. Mit Blick auf das Schaubild auf Seite 78, das auf Schätzungen basiert, könnten wir das Thema *Nachhaltigkeit* dem Reißwolf übergeben. Aber vielleicht täuscht die allzu pessimistische Darstellung. Einer Studie zur Folge gaben 80 Prozent der Einwohner von Deutschland an, sich persönlich Sorgen um den Klimawandel zu machen. Nur 9 Prozent meinen, sie tun weniger als die meisten anderen für den Klimaschutz. 70 Prozent glauben, dass die meisten anderen Menschen den Klimawandel noch nicht ernst genug nehmen. Signifikant ist die verbreitete Ansicht, *die Wirtschaft* sei für 90 Prozent der Umweltschäden verantwortlich.[98] Dass *die Wirtschaft* aber nicht im

---

[97] Vgl. Robert Kegan, Die Entwicklungsstufen des Selbst, 1986
[98] Vgl. Jérémie Gagné, Laura-Kristine Krause, Klimaschutz und gesellschaftlicher Zusammenhalt in Deutschland, More in Common, 2021

luftleeren Raum agiert, sondern für uns Menschen produziert – die Konsumgüterproduktion direkt, die Investitionsgüterproduktion indirekt, indem sie für Konsumgütererzeuger und die auch von Privatmenschen genutzte Infrastruktur (Bauwirtschaft) existiert –, wird dabei ausgeblendet.

Verteilung Existenzebenen in der Bevölkerung

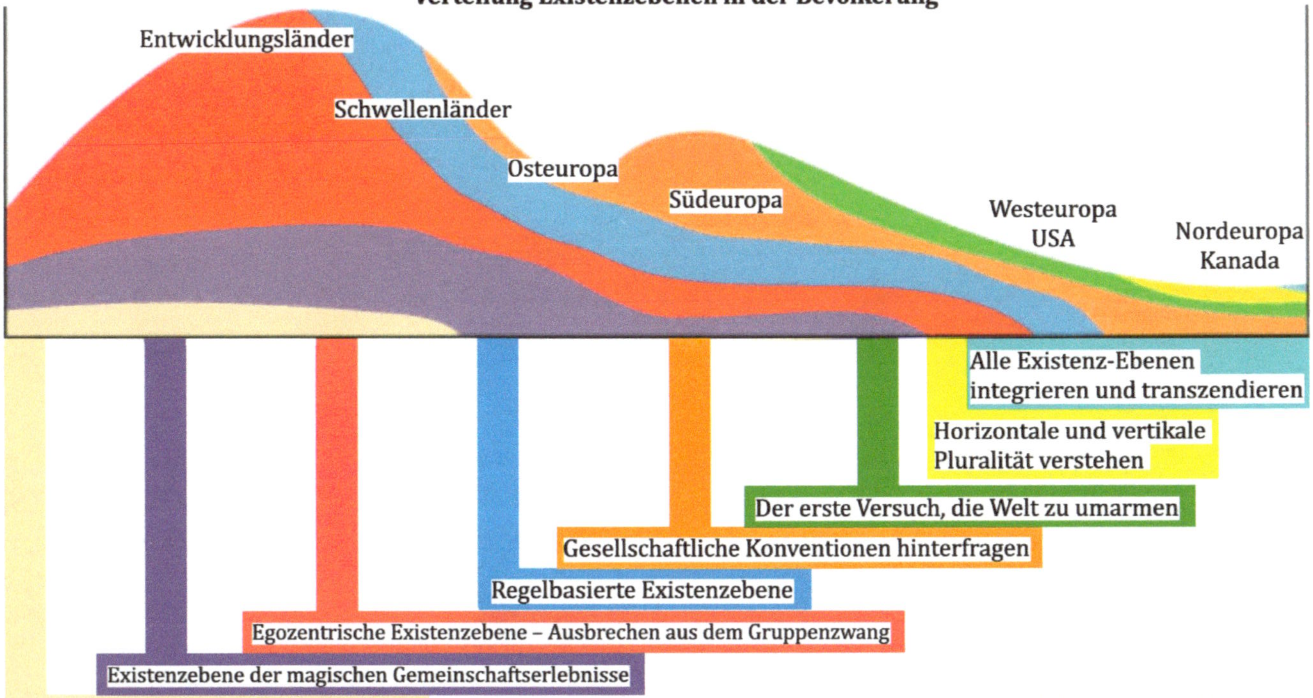

Existenzebenen an Anlehnung an Spiral Dynamics(R)

Über 60 Prozent der Treibhausgas-Emissionen resultieren aus der Nachfrage von Privathaushalten, fast 80 Prozent von Boden, Wasser und Rohstoffen.[99] Eine andere Studie kam zu dem Ergebnis, dass eine allgemeine Verhaltensänderung eintritt, wenn eine engagierte Minderheit von 25 Prozent ihre Praktiken ändert.[100] Eine weitere Studie konnte nachweisen, dass gewaltlose Massenbewegungen lediglich 3,5 Prozent der Bevölkerung mobilisieren müssen, wie etwa die Beteiligung an Demonstrationen den Sturz einer Regierung bewirken können, wenn dies das Ziel sein sollte.[101] Wir sollten mit Blick auf die grafische Darstellung der Existenzebenen nicht unberücksichtigt lassen, dass die geografische Verteilung keinesfalls statisch ist, denn wir erleben derzeit global zunehmende Migrationsbewegungen. In den Jahren ab 2015 entsprach die Migration 0,5 Prozent der europäischen Gesamtbevölkerung. Bis 2050 werden nach Schätzung des UN-Flüchtlingskommissariats 20 Prozent der Menschen ihre Region oder ihr Land verlassen.[102] Die Schätzung umfasst bereits Menschen, die

---

[99] Vgl. Diana Ivanova, et. al., Environmental impact assessment of household consumption, in: Journal of Industrial Ecology, 20 (3), 2016

[100] Vgl. Damon Centola, Change: How to Make Big Things Happen, 2021

[101] Vgl. Erica Chenoweth, Questions, Answers, and Some Cautionary Updates Regarding the 3.5% Rule, Carr Center for Human Rights Policy discussion paper, John F. Kennedy School of Government, Harvard University, 20.4.2020

[102] Vgl. Marshall Burke, W. Matthew Davis and Noah S. Diffenbaugh: Large potential reduction in economic damages under UN mitigation targets. In: Nature. Band 557, Nr. 7706, 2018

aufgrund von Klimaveränderungen emigrieren – wegen zunehmenden Dürren, Wald- und Buschbränden, Überschwemmungen, Kriegen um Trinkwasser und Rohstoffe, für ärmere Länder wieder vermehrt nachteiligen Handelsverträgen und fortschreitendem Land-Grabbing durch große Konzerne. Seit 2012 wird die Zahl der durch Katastrophen neu vertriebenen Menschen pro Jahr geschätzt. 2021 haben wegen Dürren, Fluten oder Stürmen 22,3 Millionen Menschen ihr Zuhause verlassen. Wer hingegen aufgrund immer schlechterer Ernten umzieht, wird vom IDMC nicht erfasst, denn so etwas gilt nicht als *Wetterkatastrophe.*[103] Möglicherweise halten Migrationsbewegungen direkt oder indirekt in Krisen geratene Gesellschaften wie einzelne Menschen davon ab, wirksame Klimaschutzmaßnahmen zu ergreifen, mit anderen Worten: sich jüngeren Existenzebenen zu öffnen und sich nachhaltig zu verhalten. Dabei spielt es für das große ganze keine Rolle, ob Menschen aus der Sicht älterer Existenzebenen zu der Überzeugung kommen, dass Migration in ein Land wie Deutschland gut oder schlecht für die ökologische Nachhaltigkeit ist, schädlich für den sozialen Frieden, oder widersinnig aus einem stammesgemeinschaftlichen Bewusstsein (zweite Existenzebene) heraus gesehen. Migration in (noch) wirtschaftlich wie rechtlich sichere Staaten ist aber auch ein Ergebnis früherer Geopolitik. Im Ergebnis kolonialer und postkolonialer Expansion wirken nicht erst seit gestern

[103] Vgl. Internal Displacement Monitoring Center (IDMC) der UN, 2023

homöostatische Ausgleichskräfte – ganz im Sinne des Ersten Hauptsatzes der Thermodynamik. Mit anderen Worten: Wer sich ausbreiten und wirtschaftlich profitieren will, darf sich anschließend nicht beschweren, dass sich damit auch Kultur verändert.

Nachhaltige Wirtschaft in einer nicht nachhaltigen Welt

Es gibt Unternehmen, die kämpfen Tag für Tag um die bloße Weiterexistenz. Bei denen geht es darum, die Liquidität, ihre Zahlungsfähigkeit zu erhalten. In einer solchen Situation kann ein Unternehmen noch gar nicht nachhaltig sein. Hat ein Unternehmen das Damoklesschwert einer drohenden Zahlungsunfähigkeit erst einmal aus dem Betrieb verbannt, dann kann es auch an das Morgen denken: Wie sichere ich künftige Gewinne, vielleicht sogar Gewinnsteigerungen? Damit beginnt Nachhaltigkeit – zumindest die ökonomische Nachhaltigkeit. Wenn ein Unternehmen auf der Suche nach künftigen Marktpotenzialen auf Märkte stößt, in denen auch ökologische Nachhaltigkeit oder Fair Trade – also soziale Nachhaltigkeit – für Kunden wichtig zu sein scheinen, wird Nachhaltigkeit an sich zum Thema, zunächst erst einmal zum Marketing-Thema. Hier wird schnell der Vorwurf des Green-Washing erhoben. Erreicht ein Unternehmen diese Entwicklungsebene, dann kommt erstmalig so etwas wie ein Nachhaltigkeitsmanagement ins Spiel. In nicht allen, aber immer mehr Unternehmen erwächst von der marktgetriebenen

Nachhaltigkeit auch ein Nachhaltigkeitsbewusstsein. Voraussetzung dafür ist ein Durchlaufen aller grundlegenderen Nachhaltigkeitsebenen für Unternehmen: finanzieller, marktbezogener und sinnbezogener Nachhaltigkeit. Allerdings ist eine Unternehmensstrategie mit einem über den Geschäftsbetrieb hinausgehenden Verantwortungskreis auch keine risikofreie Garantie für unternehmerischen Erfolg auf allen drei notwendigen Nachhaltigkeitsebenen. Ist es überhaupt möglich, ein Unternehmen zu führen, das ab sofort klimaneutral wäre, also mit Null CO_2-Emissionen, ein Unternehmen, welches lückenlos nachweisen kann, dass es sowohl in Bezug auf seine direkten Wertschöpfungsketten, als auch in Bezug auf seine Lieferketten ökologisch wie auch sozial absolut einwandfrei arbeitet? Es gibt durchaus solche Unternehmen, und zwar nicht nur in Form von 1-Mann-Nachhaltigkeitsberatern. So gibt es beispielsweise einen CO_2-neutralen Schornsteinfegerbetrieb im Land Brandenburg. Alles in allem ist der Anteil solcher Unternehmen am globalen Wirtschaftsvolumen marginal. Die größten Wachstumsraten können wir bei der Einführung zirkulärer Wertschöpfungsketten beobachten. Das Konzept der Kreislaufwirtschaft basiert auf dem Ansatz der industriellen Ökologie und zielt auf Minimierung von Ressourcen und dem Einsatz sauberer Technologie ab.[104] Vorbild ist der natürliche Stoffkreislauf. Abfälle und Emissionen sollen nach Möglichkeit komplett ausge-

[104] Vgl. David W. Pearce, The Limits Of Cost-Benefit Analysis As A Guide To Environmental Policy, 1976

schaltet werden. Recycling ist zwar ein wesentlicher Bestandteil, jedoch geht der Ansatz der Kreislaufwirtschaft noch weiter. Viele traditionelle Wirtschaftsformen, etwa die Landwirtschaftssysteme in Entwicklungsländern, können als Kreislaufsystem beschrieben werden. Erst mit der Industrialisierung setzte sich eine lineare Wirtschaftsverwertung durch, so dass immer mehr weggeworfen wird, ja sogar die Lebensdauer von Produkten künstlich verkürzt wird, um den Konsum anzukurbeln. Eine konsequente Kreislaufwirtschaft beschreibt das Cradle-to-Cradle-Prinzip: Produkte werden entweder als Nährstoffe in biologische Kreisläufe zurückgeführt oder werden als „technische Nährstoffe" kontinuierlich in Kreisläufen gehalten. Ein ähnliches Konzept wird durch die Metapher der Well-to-Wheel-Emissionen (vom Bohrloch zum Rad) beschrieben, die gern von Kritikern der Elektromobilität zum Beweis für deren Nichtnachhaltigkeit angeführt wird. Die Unternehmensberatungsgesellschaft McKinsey hebt regelmäßig in ihren Berichten die Geschäftschancen einer regenerativen Kreislaufwirtschaft hervor. Einzelne Unternehmen z. B. der Baubranche haben erste Schritte hin zu einer Kreislaufproduktion unternommen. Jedoch genügt es nicht, lediglich das Geschäftsmodell anzupassen, wie das Integrieren von zirkulären Maßnahmen in eine lineare Produktion. Technische Lösungen wie der 3D-Druck könnten der Kreislaufwirtschaft durch Umgestaltung der Lieferkette zum Durchbruch verhelfen, etwa wenn Kunststoffabfälle zur lokalen Fertigung neuer Produkte unkompliziert eingesetzt werden könnten. Der US-amerikanische

Zukunftsforscher Jeremy Rifkin hat das 2014 als Zukunftsvision gerade für die sonnenreiche Sahara-Region beschrieben. [105] Im Textilsektor gibt es die höchsten Umweltentlastungspotenziale durch längere Nutzungsdauer bereits vorhandener Textilien, durch Reduzierung der Menge an Textilien sowie durch bessere Angebote an kommerziellen Dienstleitungen im Bereich Reparatur, Wiederverwendung oder Sharing. In diesem Sektor könnten Treibhausgase um 35 Prozent reduziert, 12 Millionen Tonnen CO_2 und 37 Prozent Rohstoffe eingespart werden. Die Verpackungsindustrie könnte durch Mehrweg und Weglassen von Verpackungen sowie die Einführung hochwertigen Recyclings zu einer Reduktion der Treibhausgase um 35 Prozent bzw. 2,7 Millionen Tonnen CO_2 und des Rohstoffverbrauchs um 58 Prozent bzw. 8,5 Millionen Tonnen beitragen. Durch Reduktion von Lebensmittelabfällen, Wohn- und Büroflächen, eigenen PKWs, unnötigen Verpackungen oder Produkten wie Dekoleuchten könnte ein hoher Effekt erzielt werden. Nun ist Kreislaufwirtschaft sicher nicht vom Status eines heiligen Grals zu verklären, denn soziale Aspekte behandelt das Konzept als nachrangig. Davon unbesehen kann ein Ausbrechen aus dem Kreislauf durch Beschaffung energieeffizienterer Technik im Ergebnis sogar nachhaltiger sein als ein stoisches Beharren auf bestehende Kreisläufe. Die materielle und energetische

---

[105] Vgl. Jeremy Rifkin, Die Null-Grenzkosten-Gesellschaft. Das Internet der Dinge, kollaboratives Gemeingut und der Rückzug des Kapitalismus, 2014

Basis der Produktionsebene sollte gleichwohl nicht unabhängig von Kapitalaspekten betrachtet werden. Auf Krediten basierende Geldschöpfung induziert Wachstumserwartungen auch von Energieerzeugern, Nahrungs- und Rohstofflieferanten sowie Industriezweigen mit hohen Materialumschlägen und bildet somit die Basis der nicht nur von linken Kritikern als *neoliberale Ökonomie* gebrandmarkten „Mainstreamwirtschaft“. Nicht nur die Erwartungshaltung gerade sozial benachteiligter Bevölkerungsgruppen und ihrer Führsprecher bei den Wohlfahrtsverbänden und Gewerkschaften macht sich von dieser Geldschöpfung abhängig, sondern bilden die Basis unserer freiheitlich-demokratischen Grundordnung. Um Geld und Realwirtschaft wieder enger miteinander zu verzahnen, kamen bereits Ende des 19. Jahrhunderts in verschiedenen Regionen der Welt Freigeld-Initiativen auf. Der Wert von Freigeld basiert nicht auf einem Edelmetall oder auf Krediten fußender Geldschöpfung, sondern erfolgt durch eine so genannte Umlaufsicherung. Durch Negativzinsen soll Geld den Realwirtschaftskreislauf vitalisieren, anstatt als Kapital für sich selbst zu arbeiten. Denn für das heutige Geldsystem wird geschätzt, dass weniger als 5 Prozent des Geldverkehrs noch eine nachvollziehbare Anbindung an die Realwirtschaft haben. Bernard Lietaer war leitender Angestellter der belgischen Zentralbank. Die Business Week kürte ihn Anfang der 1990er Jahre zum Top-Weltwährungshändler. Lietaer bescheinigte dem herrschenden Finanzsystem, es fördere exzessive Gier, rücksichtslosen Egoismus, die Angst vor Knappheit und fördere die latenten, irrationalen traumatischen Prägungen unserer Kindheit. Er besann sich 1999 auf ein bereits 1933 vorgestelltes Projekt einer Weltwährung mit Namen Terra, welche – ganz ähnlich dem Freigeld – eine umlaufgesicherte Währung sein sollte, eine so genannte Demurrage-Währung, von denen es im Altertum wie im Hochmittelalter einige gegeben hatte, die nachweislich Wirtschaftsregionen florieren ließen und den Lebensstandard der breiten Bevölkerung für damalige Verhältnisse erstaunlich gehoben haben sollen.[106] In der Schweiz gibt es neben dem Franken eine weit verbreitete Demurrage-Währung, den WIR. In Deutschland wirbt die Initiative Omnibus für direkte Demokratie für eine demokratische und ökologische Alternative des heutigen Geldsystems, die dieses nicht unbedingt ersetzen, so jedoch ergänzen soll.[107] Es gibt sogar eine umlaufgesicherte Kryptowährung, den Freicoin. Es werden also durchaus Überlegungen angestellt, wie wir nachhaltige Wirtschaftskreisläufe mithilfe anders funktionierender Währungen fördern können. Die Wiedereinführung des Gold-Standards oder der Umstieg auf Bitcoin wären indes sicher keine Lösungen, sondern würden die Dysbalance des bestehenden Finanzsystems hinsichtlich der materiellen und immateriellen Aspekte sowie der makroökonomischen Anreize noch weiter verschärfen. Davon abgesehen übersteigt der Energiever-

---

[106] Vgl. Bernhard Lietaer, Mysterium Geld. Emotionale Bedeutung und Wirkungsweise eines Tabus, 2000

[107] Vgl. https://www.omnibus.org/projekte/initiative-geldkreislauf/neu-denken

brauch des Bitcoin-Mining inzwischen den von Pakistan mit 240 Millionen Einwohnern.[108]

Neoliberales Paradox

Wer je ein Zeitmanagement-Seminar besucht oder eines der vielen Selbstmanagement- und Unternehmer-Handbücher überflogen hat, kennt die Eisenhower-Matrix zur Unterscheidung von Dringend und Wichtig. Das Dringende ist selten wichtig und das Wichtige wird irgendwann zusätzlich dringend, wenn wir es ignorieren. Wir werden krank, haben unser ganzes Geld verloren oder Schlimmeres. Das Wichtige macht uns zu Menschen, gibt uns Erfüllung und führt zu nachhaltigen Problemlösungen. Das unwichtige Dringende lenkt uns ab, verschafft uns kurzfristige Betäubung und bringt unseren Geist aus der Balance. Die menschliche Physiologie ist im Grunde noch dieselbe wie vor 40.000 Jahren. Seinerzeit gab es keinen Unterschied zwischen *Dringend* und *Wichtig*. Was dringend war, war auch wichtig: Kampf oder Flucht, Überleben, Nahrung, Fortpflanzung. Inzwischen leben wir in einer von äußeren Gefahren weitgehend befreiten Lebenswelt: Nahrungssicherheit, Technologie, Arbeitswelt, ausdifferenzierte soziale Systeme. Medien, Marketing und soziale Netzwerke haben die Differenz von Dringend und Wichtig ins Extreme wachsen lassen. Für eine Anpassung im biologischen Sinne sind 40.000 Jahre viel zu kurz,

---

[108] Vgl. Bitcoin verbraucht mehr Strom als Pakistan, ntv.de, hny/dpa, 30.10.2023

obgleich wir Menschen derweil einen enormen kulturellen Evolutionssprung durchlaufen und unsere Lebenswelt fundamental umgestaltet haben. Werbung, Boulevardmedien und Algorithmen sozialer Netzwerke funktionieren nach dem Prinzip der Aufmerksamkeitsökonomie. Sie stellen darauf ab, was wir als dringend empfinden. Die menschliche Psyche reagiert auf Dringlichkeiten als wären sie wichtig. Aber das sind sie nicht.

	dringend	nicht dringend
wichtig	**A-Priorität** Tun	**B-Priorität** Terminieren
nicht wichtig	**C-Priorität** Delegieren	

Die allermeisten Nachrichten und Konsumprodukte tun uns ganz und gar nicht gut. Vieles, was eigentlich wichtig wäre – Nachhaltigkeit in Ökologie, sozialen Beziehungen und auf der Ökonomie-Ebene ein effektiver wie effizienter Umgang mit Energie und Material – ist uns mühsam, wirkt wie dröges Pflichtprogramm. Ältere Mittelständler kennen vielleicht noch Wolfgang Mewes und die von ihm geprägte Strategie, die er in seinen letzten Lebensjahren aufgrund von verwertungsrechtlichen Ungeschicklichkeiten nicht mehr *Engpass-*

konzentrierte Strategie nennen durfte.[109] In dieser sollte das Spannungsfeld zwischen Wichtig und Dringend durch die Synthese von brennendstem Kundenproblem (dringend) und konstantem Grundbedürfnis (wichtig) einer Zielgruppe nutzbar gemacht werden. Märkte organisieren sich ausschließlich um Dringlichkeiten herum. Unsere Aufmerksamkeit will stimuliert werden. Das neoliberale Paradox besteht darin, dass Unternehmer den Unterschied zwischen Dringend und Wichtig kennen und befolgen müssen, um ihren Fokus nicht zu verlieren, um erfolgreich zu sein, sich nicht zu verzetteln. Gleichzeitig müssen ihre Produkte, ihr Marketing, ihre Verkaufsgespräche auf Dringlichkeiten abstellen, um anschlussfähig zu sein. Archetypisch auf die Spitze getrieben: Kunden konsumieren, Unternehmer investieren. Beide brauchen einander. Aber hinsichtlich ihres Lebensstils schließen die beiden Archetypen einander aus. Der archetypische Unternehmer zeichnet sich durch Selbstdisziplin und beharrliche Zielstrebigkeit aus, ist in der Regel sparsam und gibt sein Geld außerordentlich bewusst aus. Versuchungen und Ablenkungen durch Konsum gehören nicht dazu. Er konzentriert sich stoisch auf das Wichtigste und widersteht dem Dringlichen. Algorithmen und Marketing erzeugen Dringlichkeit, sie stellen auf als brennend empfundene Probleme ab, fast immer in Form von emotionaler Aufwiegelung. Die Heroen des Silicon Valley tun alles, um ihre Kinder von den Versuchungen

---

[109] Vgl. Kerstin Friedrich, Fredmund Malik et. al., Das große 1x1 der Erfolgsstrategie: EKS® – Die Strategie für die neue Wirtschaft, 2009

der sozialen Netzwerke fernzuhalten, die sie selbst entwickelt haben.[110] Und das sind nur die prominentesten Beispiele von Unternehmern, die ihre Liebsten vom Konsum ihrer eigenen Produkte abraten. Sie begründen ihre ethischen Skrupel gern mit der Allmacht der Märkte, der sie leider selbst ausgeliefert sind. Wer mit diesem Wissen noch immer darauf setzt, dass sich nachhaltige, wirklich wertvolle und dem guten Leben der Menschen dienende Produkte am Ende immer durchsetzen werden, ist wahrlich verblendet. Würden wir uns allein auf Marktmechanismen verlassen, setzten sich mehr denn je Produkte, technische Innovationen, Algorithmen und mit ihnen auch die Medienbotschaften durch, die auf unbewusst wirkende Impulse abzielen. Die Wertung indes, konsumistische Impulsbedürfnisse wären minderwertiger als von Selbstdisziplin bis hin zur Askese geprägte langfristige Glücksstrategien, ist jedoch mitnichten eine Erfindung woker linker Zeigefinger, sondern wurde bereits von Aristoteles und Konfuzius skizziert. Ihren modernen Durchbruch erlebte sie im Leistungssport und gelangte von dort in die Erfolgslehren diesseits und jenseits des einst „Großer Teich" genannten Atlantischen Ozeans. Gleichzeitig geht die heute wieder mehr denn je präsente libertäre unternehmerische Lehre von der Maximierung der Freiheit des Einzelnen aus. Sie ist auf dem ersten Blick nicht von einem vulgären Anarchismus zu unterscheiden. Die freiheitliche liberale

---

[110] Vgl. Adam Alter, Irresistible: The Rise of Addictive Technology and the Business of Keeping Us Hooked, 2017

Bewegung des 19. Jahrhunderts entstand mit der Aufklärung beim Übergang von der vierten zur fünften menschlichen Existenzebene. Emanzipatorische Bewegungen der sechste Existenzebene weist sie als Einschränkungen individueller und insbesondere unternehmerischer Freiheit zurück. Insofern ist naheliegend, weshalb sich ein größerer Teil der Libertären auch als *Anarchokapitalisten* bezeichnen, so wie der argentinische Präsident Javier Milei. Ansonsten gibt es keine einheitliche Lehre, reicht das Spektrum doch von radikalen Atheisten bis evangelikalen Christen.[111] Wenn man die Kritik an ökologischer Nachhaltigkeitspolitik aus neoliberaler Perspektive verfolgt, so geht es dabei nicht allein um den Verweis auf die eigene Freiheit von sämtlichen Selbstbeschränkungen, wie er auf der Existenzebene Drei zum Ausdruck kommt. Vielmehr wird jeglicher ordnungspolitische Eingriff als grundsätzlich fehlgeleitete Intervention verstanden, die – weil auf einer falschen Ideologie beruhend – zwangsläufig zu falschen Ergebnissen führen müsse.[112] Darin kommt die Philosophie eines aufgeklärten Egoismus‘ zum Ausdruck, in der der Mensch Naturbezwinger ist und sich in dieser Rolle in keiner Weise gegenüber irgendeiner anderen Spezies oder schwächeren Mitgliedern der Menschheit zu verantworten habe. Die Schriftstellerin Ayn Rand hat vor allem in den USA enorm viel Einfluss auf anarchoka-

[111] Vgl. exemplarisch Ayn Rand, Atlas Shrugged, 1957; Murray Newton Rothbard, Eine neue Freiheit. Das libertäre Manifest, 1973
[112] Vgl. dazu nahezu jeden Artikel von Anna Schneider, in: Die Welt, Ausgaben der vergangene 3 Jahre

pitalistisch-libertäre Weltbilder ausgeübt. Dabei hat sie die Umweltbewegung nur als beginnende Randerscheinung kennenlernen dürfen, bevor die starke Raucherin 1982 verstarb. „Jeder der heute älter als 30 Jahre ist, sollte still dem nächstliegenden, schmutzigsten, rußigsten und düstersten Schornstein danken, den er finden kann."[113] Solch eine Lebenseinstellung legt den Fokus auf maximale Ausweitung des eigenen Wirkungskreises und sogleich totaler Minimierung des eigenen Verantwortungskreises. Hier mögen sogar Existenzängste aus der ersten Ebene eine Rolle spielen: Die Umwelt ist als potenziell gefährlich in transgenerationaler unbewusster Erinnerung: Wilde Tiere gilt es als Lebensgefahr oder Fressfeinde zu töten. Kleintiere, Pilze und Bakterien verderben Nahrungsmittel und wenn es kalt ist, muss ein Feuer gemacht werden oder ist besser gleich ein Gebäude zu errichten. Durch die Unterwerfung der Natur macht der Mensch sie für sich ungefährlich und kurzfristig gesehen nützlich. Dass der Mensch selbst untrennbar mit der Mitwelt, einschließlich Mitmenschen, verbunden ist, dafür gibt es hier gar kein Verständnis. Rands Philosophie fußt auf einem grundlegenden Missverständnis gegenüber dem Konzept Altruismus. Sie missversteht Altruismus als Selbstaufopferung. Selbstaufopferung ist allenfalls eine häufig praktizierte Perversion, die ihrerseits auf einem fehlenden Verständnis von Altruismus beruht. Altruismus kann nur aufrichtig praktizieren, wer die spirituelle Verbundenheit mit allen

[113] Ayn Rand, Zurück in die Steinzeit, 1971

Geschöpfen verinnerlicht. Wer echten Altruismus praktiziert, verliert sich ganz und gar nicht, sondern gewinnt gerade durch den Gewinn der anderen. Die geistige Trennung von der Mitwelt durch den Rand'schen Radikal-Individualismus soll zwar über das Konstrukt *Markt* teilweise aufgehoben werden. Damit wird jedoch das zunehmende Auseinanderdriften von Wichtig und Dringend keinesfalls aufgelöst, weil von Marktfundamentalisten bis heute völlig ignoriert. Moderne Libertäre berufen sich wirtschaftspolitisch auf Ludwig von Mises sowie Friedrich August Hayek, die gleichermaßen für gemäßigte Neoliberale Pate stehen. In den USA wie auch in Deutschland sind Institute sowohl nach Mises als auch Hayek benannt, die in den USA von Libertarianern finanziert und folglich auch dominiert werden. Hierzulande haben diese Institute in den letzten Jahren einen deutlichen Rechtsdrall erfahren und stehen so gesehen sicher nicht mehr in der Tradition ihrer Namensgeber. So werden die Ansichten und politischen Vorschläge mitunter stark umgedeutet. Dass Friedrich August Hayek etwa den Entzug des Wahlrechts für Transfergeldempfänger und Staatsbedienstete vorgeschlagen hätte, ist eine verbreitete Legende.[114] Abgesehen von der sozial- und staatspolitischen (den Staat ablehnenden und in eine reine privatrechtliche Gemeinschaft umwandeln wollenden) Agenda, wird über diese

[114] Vgl. André F. Lichtschlag, Entzieht den Nettostaatsprofiteuren das Wahlrecht!, in: Die Welt, 19.9.2006; Markus Krall, Wenn schwarze Schwäne Junge kriegen. Warum wir unsere Gesellschaft neu organisieren müssen, 2018

Institute und deren aktive Mitglieder die Mitverantwortung für den Zustand unseres Planeten konsequent abgelehnt, was mit Blick auf Sponsoren und Querverbindungen zu CFACT, CATO, Atlas, Heartland und den anderen Fossil-PR-Instituten nicht verwundert. Wer sich anschaut, wer die Botschaften jener Institute in den sozialen Netzwerken propagiert, findet auffallend viele Profile von Strukturvertrieblern, Edelmetallhändlern, Krypto-Maklern, Steuerparadies-Bewohnern und Menschen, die vorzugsweise vor Monstertruck-ähnlichen Fahrzeugen, Sportwagen oder Yachten in sonnigen Urlaubsregionen posieren, fast ausschließlich mit schwarzer Sonnenbrille. Daneben gibt es auffallende Häufungen von Profilbildern in Gestalt von Comikfiguren oder Verfremdungen wie ein gemorphtes Foto, auf dem der baden-württembergische Ministerpräsident Winfried Kretschmann mit Mao verschmilzt. In ihren Posts treten die Personen hinter diesen Profilen für freies Unternehmertum ein, während sie gleichsam zutiefst autoritär auftretende Polterer anhimmeln und vom Leben in Bananenrepubliken schwärmen, in denen das Recht des Stärkeren auf der Straße regiert und die bislang nicht unbedingt durch eine florierende Wirtschaft auffallen, die der breiten Bevölkerung Wohlstand beschert. Die Zufluchtsorte windiger Geschäftsleute sind eben andere als die von Verfolgten, Vertriebenen und strukturell armen Menschen. Bemerkenswert am Libertarismus ist, dass dieser, was die Bewertung des individuellen Einflusses auf das eigene Schicksal betrifft, Verantwortung betont, während Auswirkungen, die die Mitwelt betreffen, kleingeredet werden. Das hat schon etwas von unternehmerischer Schizophrenie. Das passgenaue Gegenstück liefert eine Sozialstaatsphilosophie, die strukturelle Benachteiligung betont und der sie durch monetäre Ausgleichsleistungen und Gleichstellungsgesetze entgegenzuwirken versucht. Genauso wie Libertäre strukturelle Ungleichheiten ignorieren, unterschätzen Befürworter des Sozialstaats den Wirkhebel individuellen Bewusstseins für das eigene nicht zuletzt auch monetäre Schicksal. Durch Transferzahlungen und Subventionen wird dieses Bewusstsein eher nicht geschult. Man weiß aus Sport, Kultur und Unternehmerwesen, dass (auf dem ersten Blick) unvorteilhafte Ausgangsbedingungen eine harte und wirksame Schule für Kreativität, Erfindungsreichtum und Durchhaltevermögen sind. Monetäre Ungleichheit ist in einem höheren Maße vom individuellen Geldbewusstsein abhängig, vom eigenen Verhältnis zum Geld, als zumindest in Deutschland gemeinhin angenommen. In der Praxis ist es viel häufiger die Frage, ob jemand mit Geld umgehen kann oder nicht und ob jemand bereit ist, dies zu lernen.[115] Das erklärt vielleicht auch, weshalb sozioökonomische Ungleichverteilung seltener zu Protest und Aufständen führt, als es übrigens nicht nur linke, sondern auch libertäre und rechte Aktivisten gerne prognostizieren. Damit schließt sich der Kreis beim neoliberalen Paradox

---

[115] Vgl. beispielhaft Victor Boc, How to solve all your money problems forever, 1998; Bodo Schäfer, Der Weg zur finanziellen Freiheit: Die erste Million in sieben Jahren, 2003

von der Co-Abhängigkeit bei gleichzeitiger Unvereinbarkeit von Konsumenten- und Unternehmerbewusstsein, zwischen Dringend und Wichtig. Neben dem wirtschaftsunternehmerischen Paradox vor allem in der libertären Ausformung neoliberaler Denkschulen werfen wir noch einen Blick auf die gesellschaftlichen Nebenwirkungen dieser Ideologie, die durch die Ignoranz sozialer und ökologischer Folgen auch auf die Ökonomie zurückwirken, überall dort, wo Märkte eben keinen „Sinn“ für Nachhaltigkeit aufbieten können. So ging die staatlich verordnete formelle Ausweitung unternehmerischer Freiheit etwa in Pinochets Chile, Putins Russland, Orbans Ungarn und im Polen unter der PiS stets einher mit schwindenden Handlungsräumen für zivilgesellschaftliche Organisationen. Die Aktivitäten von AfD und Werteunion verursachen bereits jetzt, wo diese Organisationen (noch) ohne formelle politische Macht sind, ein Klima des Hassschürens und der Abwertungen. Finanzielle Ängste oder gar Ängste um den Erhalt der Bürgerrechte von Minderheiten gefährden nicht nur Diversität, die zu einer lebendigen Demokratie gehört. Sie zerstören auch ein soziales Klima, in dem die Würde des Individuums gewahrt wird.[116]

---

[116] Vgl. Martin Rütters, Gesellschaft unter Druck. Strategien zum Umgang mit antidemokratischen Entwicklungen, in: Wegweiser Bürgergesellschaft 12/2023

Wie klug der handelnde Mensch heute ist

Wir Menschen in den Industrienationen sind Holzfäller und Brandstifter, die sich dazu verabredet haben, den „unterirdischen Wald" zu verfeuern, der Millionen von Jahren unermessliche Reserven an organischen Substanzen aufbewahrte.[117] „Die Ungeheuerlichkeit des Vorgangs macht man sich in der Regel nicht bewusst. Wir haben uns zu Zeitgenossen der Saurier gewandelt, ... was im Grunde nur bedeutet, dass Menschen nicht leicht dazu zu bewegen sind, habituell gewordene Verwöhnungen und Ermächtigungen wieder aufzugeben und mit reduzierten Kompetenzen zu existieren."[118] So wurde von einer sich zuweilen dem Kulturkampf verpflichteten Tageszeitung die *Wärmepumpe als letzte Entfremdung des Menschen vom Feuer* ausgewiesen.[119] „Ja, aber als Technik- und Fortschrittsoptimismusgeschichte: Die Bändigung des Feuers machte möglich, was wir Zivilisation nennen, fossile Brennstoffe ermöglichten die Industriegesellschaft, jetzt überwindet der erfindungsreiche Mensch die giftig stinkende Verbrennung."[120] China erscheint einigen von uns als Prototyp einer hypermodernen Gesellschaft. Dabei hat dieses Land zugleich das größte Regierbar-

---

[117] Vgl. Rolf Peter Sieferle, Der unterirdische Wald. Energiekrise und industrielle Revolution. 1982

[118] Peter Sloterdijk, Die Reue des Prometheus. Von der Gabe des Feuers zur globalen Brandstiftung, 2023

[119] Vgl. Marcus Woeller, Die Wärmepumpe als letzte Entfremdung des Menschen vom Feuer, in: Die Welt, 13.4.2023

[120] Jonas Schaible, Demokratie im Feuer, Warum wir die Freiheit nur bewahren, wenn wir das Klima retten – und umgekehrt, 2023

keitsproblem. Riesige Massen von Menschen können einzig durch konsequente Industrialisierung in Zaum gehalten werden, die immerwährende Wohlstandssteigerungen verspricht[121] – etwas ganz und gar nicht Originelles, aus unserer Geschichte wohlvertrautes und völlig aus der Zeit gefallenes. Mit Kenntnis der menschlichen Existenzebenen können wir aus jeder dieser Ebenen anders auf die Welt und die handelnden Akteure schauen. Allzu schnell fällen wir aus der dritten, vierten oder fünften Ebene heraus das Urteil, andere seien oder handelten dumm. So meinen wir, je nachdem wo wir stehen und wohin wir eine wünschenswerte Entwicklung sehen, bestimmte Geschichten würden marginalisiert, unterdrückt und andere dagegen hochgepusht und im Dienste irgendeiner Propaganda in die Welt gesetzt. So sind die Medien, auch öffentlich-rechtliche, keineswegs die willfährigen Klimahysteriker, als die sie aus der zweiten, dritten und vierten Existenzebene heraus gern gebrandmarkt werden. Als der UN-Weltklimarat IPCC im März 2023 seinen erneut alarmierenden Bericht vorstellte, berichteten außer dem Guardian weder Spiegel, Tagesschau, NZZ oder die New York Times an prominenter Stelle über den Report.[122] Die BBC lehnte über zwei Jahrzehnte lang Beiträge ab, die sich mit dem Thema ökologische Nachhaltigkeit befassten. Stattdessen wurde die unangefochtene Umwelt-Institution Sir David

---

[121] Vgl. Peter Sloterdijk, Die Reue des Prometheus. Von der Gabe des Feuers zur globalen Brandstiftung, 2023
[122] Vgl. Lorenz Matzat, https://twitter.com/lorz/status/1659091929722699776

Attenborough regelrecht dazu missbraucht, eine Werbesendung für Kohlenstoffabscheidung moralisch zu veredeln. Während erstaunlich viele Menschen der Idee der Abscheidung und Speicherung von CO_2 einiges abgewinnen können und alle Hoffnung auf diese projizieren, blieben Versuche mit dieser Technologie, was das Verhältnis von ökonomischem Einsatz und ökologischer Wirkung betrifft, eine Geschichte des Scheiterns. In Norwegen hat sich so ein Vorhaben zum „Berliner Flughafen" entwickelt[123] – mit einem Unterschied: Der Flughafen ist nach jahrelanger Verzögerung wenigstens doch noch in Betrieb gegangen. Am Ende werden wir je nach interessenspolitischen und/oder weltanschaulichen Präferenzen die einen Fakten und Geschichten über- und die anderen unterbewerten. Im Hinblick auf die globalen Grenzen und das Überschreiten von Kippunkten gibt es grundsätzlich zwei Handlungsoptionen: erstens das Vermeiden ihres Erreichens um jeden Preis und zweitens die Konzentration auf die Linderung der Folgen beim Überschreiten. Protagonisten der ersten Option argumentieren, dass es kein Entweder-Oder, sondern nur ein Sowohl-als-Auch gibt. Protagonisten der zweiten Option halten das Abwenden der Kipppunkte für unrealistisch, weswegen auch keine Ressourcen darauf verschwendet werden sollten. Nachhaltig gedacht ist nur die erste Option, während die zweite eher vom Credo des *Weiter wie bisher, wir haben doch immer technologische Lösungen*

[123] Vgl. Richard Orange, Norway drops „moon landing" carbon project, The Local, 20.9.2013

für alle Probleme gefunden geprägt ist, obwohl dieser Glaubenssatz mittlerweile durch die Praxis der Selbsttäuschung überführt ist. Denn inwieweit technologische Lösungen zu einer nachhaltig widerstandsfähigeren Infrastruktur führen, ob bessere Bebauungspläne und Bauvorschriften, oder gar mehr Klimaanlagen die Lösung sein können, bleibt mehr als fraglich. Da unsere Kultur und Zivilisation bei einem weiteren Anstieg der Temperaturen sehr in Bedrängnis geraten könnten, spräche einiges für einen beschleunigten Umbau von Wirtschaft, Transport und privatem Konsum auf erneuerbare Energien. Der Klimaforscher Zeke Hausfather weist auf den enormen Aufwand möglicher Anpassungen hin: „Der Bau von Dämmen um Städte, von öffentlichen Kühlzentren, der massive Einsatz von Klimaanlagen und Gebäuden, die Änderung der Anbauflächen oder der Art der angebauten Pflanzen – all dies ist mit hohen Kosten für die Gesellschaft verbunden. Es ist also nicht so, dass wir uns an diese Veränderungen anpassen können und alles in Ordnung ist. ... Aber in den meisten Fällen ist es billiger, eine bestimmte Erwärmung von vornherein zu vermeiden.“ [124] Da jedoch die Fronten schon verhärtet sind, gibt es in der Öffentlichkeit keinen hörbaren sachlichen Austausch. Glücklicherweise wird nicht überall auf der Welt die Art der Energieversorgung zum Kulturkampf stilisiert. Jedoch ganz von der Hand weisen lässt sich der Vorwurf nicht, der Klimawissenschaft gehe

---

[124] Zeke Hausfather, zitiert nach Harald Orth, Endzeit – kein Grund zur Panik: Hoffnungsvoll durch unsichere Zeiten, 2022

es inzwischen weniger darum, die Komplexität der Welt zu verstehen, als vielmehr darum, als eine Art Kassandra zu dienen und die Öffentlichkeit eindringlich vor den Gefahren des Klimawandels zu warnen. Die Unwägbarkeiten der Klimaforschung finden weniger Gehör als apodiktische Behauptungen. Freilich werden Waldbrände, Todesfälle im Zusammenhang mit extremer Hitze und Schäden in der Landwirtschaft nicht durch den Klimawandel ausgelöst, so jedoch begünstigt.[125] In den Debatten werden häufig die Ebenen und Bezugsrahmen durcheinandergebracht: Wissenschaft, publizistische Interpretation, Expertisen für politische Entscheidungsvorlagen, Wahlkampf. Detailfragen lassen sich klarer beantworten, wenn wir unsere grundsätzliche Haltung auf einen größeren und eben damit auch nachhaltigeren Verantwortungskreis ausweiten. Dann verändert sich die Frage danach, was wir noch alles vermeintlich Wertvolles aus der Erde herausholen können zu der Frage, was die Erde von uns verlangt. Dann entdecken wir nach und nach Gewohnheiten, die dem Kurzfrist-Denken älterer Existenzebenen entspringen und ersetzen sie aus gänzlich intrinsischer Motivation durch nachhaltigere. Durch eine nachhaltigere Wirtschaft, durch weniger (suchthaften) Konsum verlieren wir nur scheinbar, gewinnen aber sehr viel mehr, nämlich von dem, was den hinter den Konsumbedürfnissen stehenden wirklichen Bedürfnisse dienlich ist: mitmenschliche Verbindung und

---

[125] Vgl. Patrick Brown, Klimawandel: verzerrte Wissenschaft, auf: Novo Argumente, 8.9.2023

authentische Freundschaften, Kultur, Sport, Unterhaltung, Familie, Natur, Essen, Trinken, Reisen, Abenteuer. Nichts von alledem verschwindet in einer nachhaltigeren Lebensart, einer nachhaltigeren Wirtschaft. Qualität löst Quantität ab: „Was braucht dieser seltsame Primat Homo sapiens, um relativ wenig Zerstörung zu verursachen und mit relativ wenig Angst und Aggression zu leben? Worin besteht ein gutes Leben? Ist es möglich, Wege zu finden, die durch eine angekündigte Katastrophe hindurch zu einem Florieren menschlicher Gesellschaften innerhalb ihrer ökologischen Spielräume führen?“ [126] Als Voraussetzung für eine nachhaltige Gesellschaft bezeichnete Dennis Meadows ein halbes Jahrhundert nach Erscheinen von *Die Grenzen des Wachstums* die Bereitschaft der Menschen, nach einem *Genug* zu streben statt nach einem *Mehr*. Mit acht Milliarden Menschen auf der Erde gäbe es in Verbindung mit den Zielen von Gleichheit und Wohlstand keine attraktiven Zukunftsszenarien. Man benötige mehr und mehr Kapital, um das Bevölkerungswachstum und den Verbrauch endlicher Ressourcen auszugleichen, bis schließlich – und diese Phase sei nun gekommen – das Wachstum aufhöre. Seine vor einem guten halben Jahrhundert im Alter von 29 Jahren publizierte Vorstellung, *man identifiziere ein wichtiges Problem, erforscht die Lösungen und zeigt sie allen, und dann setzen die maßgeblichen Leute das um* hat sich als reichlich naiv

---

[126] Philipp Blom, Aufklärung in Zeiten der Verdunkelung (Auf dem Punkt), 2023

erwiesen. Stattdessen müsse man taktieren, die Ziele und Wünsche der entscheidenden Leute kennen, eine Schnittmenge mit den richtigen Lösungen finden und diese dergestalt vorschlagen, „...dass die Politiker glauben, sie hätten diese Lösungen selbst gefunden."[127] Herbert Gruhl sah dies bereits Mitte der 1970er Jahre aufgrund seiner persönlichen Erfahrungen als Politiker pessimistischer: „Soweit sie sich wirklich einmal Ziele zu setzen versuchen, scheitern sie ganz schnell im Gestrüpp der Paragraphen der exponentiell angestiegenen Gesetzesfluten und Verordnungen, im Gezerre der Interessenverbände und der Parteien, an der kurzfristigen Begehrlichkeit und auch der globalen Interdependenz der Staaten."[128] Nachhaltigkeit allein Privatunternehmern zu überlassen, macht mit Blick auf Elon Musk, Jeff Bazos und Fossil-Oligarchen aus den USA, Russland und der arabischen Halbinsel wenig Hoffnung, auch weil die übergroße Mehrheit der Konsumenten weltweit auf Existenzebenen agieren, die keine ökologisch nachhaltigen Märkte entstehen lassen. Wie also sich aus dieser Zwickmühle befreien? Die Einführung einer Kohlenstoffabgabe in der kanadischen Provinz British Columbia, die sehr stark von Öl und Gas geprägt ist, gilt als Erfolg, weil ein Großteil der Steuereinnahmen dazu verwendet wird,

---

[127] Dennis Meadows, Warum jetzt, Herr Meadows? 50 Jahre lang hat der Autor von „Die Grenzen des Wachstums" versucht, den Planeten zu retten. Jetzt redet er zum letzten Mal darüber. Ein Interview geführt von Uwe Jean Heuser, in: Die Zeit, 6.10.2022

[128] Herbert Gruhl, Ein Planet wird geplündert. Die Schreckensbilanz unserer Politik, 1975

Konsumenten mit kleineren und mittleren Einkommen durch direkte Geldzuwendungen zu entlasten. [129] Vielleicht ist die Menschheit der Lösung des Klimaproblems noch nie so nahe wie heute gewesen. Wir bekommen die positiven Nachrichten in der Flut der Horrormeldungen und wechselseitigen Schelten nur viel zu selten mit. So steigen überall auf der Welt Handwerker auf die Dächer und montieren Solaranlagen, errichten Windräder, schrauben Elektroautos zusammen und schließen Millionen von Wärmepumpen an. In Deutschland war die klimapolitische Jahresmarke (2023) von neun Gigawatt Solarenergie bereits Ende September erreicht. Dabei ist Deutschland in Sachen Energiewende weder allein und schon gar nicht führend, sondern gerät immer mehr ins Hintertreffen. Auch das eher konservative Texas hat seine Solarenergieproduktion seit 2019 versechsfacht. Vor der Küste von Massachusetts entsteht gerade ein riesiger Offshore-Windpark. Chile verbraucht seit 2000 doppelt so viel Strom und verbrennt zugleich Jahr für Jahr weniger Kohle. Das Wachstum besorgen Sonne und Wind. Der Strombedarf von Vietnam hat sich seit 2000 verzehnfacht. Das Land setzte dafür lange auf Kohle und Gas. Inzwischen gibt es auch dort eine Kehrtwende und viele Länder der Erde können ähnliche Daten vorweisen. Dazu gehört auch China mit dem größten Anteil an neuen CO_2-Emissionen. Dort wurden 2023 doppelt so viele neue Solarpanels angeschlossen wie in den USA insgesamt existieren. Chinas CO_2-Emis-

---

[129] Vgl. Chancel et al., World Inequality Report 2022

sionen könnten ab 2030 sinken. Zahlenreihen und Kurven zum Voranschreiten erneuerbarer Energien und anderer klimafreundlicher Technologien folgen in etwa einer Exponentialfunktion. Die Werte verdoppeln sich stets in gleichen Zeitabständen. Im Jahr 2004 gingen weltweit Solaranlagen mit einer Leistung von einem Gigawatt an den Start. 2010 kam schon jeden Monat ein Gigawatt Solarenergie dazu, 2015 ein Gigawatt pro Woche, heute an nur einem einzigen Tag. Die Geschwindigkeit hat sich in 20 Jahren verdreihundertfacht. Der europäische Emissionshandel trägt dazu bei, Kohle- und Gaskraftwerke zu verteuern. Die meisten Länder haben weder Subventionen für Erneuerbare noch einen Preis für CO_2-Ausstoß. Sonne und Wind sind auch ohne Förderung wettbewerbsfähig. In 90 Prozent der Welt sind Erneuerbare mittlerweile die preisgünstigste Form der Energieerzeugung. [130] Freilich werden weiterhin neue Kohlekraftwerke gebaut, um den wachsenden Energiebedarf zu stillen. Dennoch kommen auf jeden Euro, der in fossile Energie fließt, fünf Euro Investition in erneuerbare Energieerzeuger. Unternehmen und Lobbyvertreter fossiler Gewerke setzen alles daran, diesen Prozess zu verzögern – aus betriebswirtschaftlich vollkommen verständlicher Sicht. Die Beharrlichkeit der Fossilen dürfte nirgendwo so stark sein wie im Verkehrssektor. Ölkonzerne und viele Fahrzeugbauer eint das Interesse am Verbrennungsmotor, der nach wie vor in den allermeisten

[130] Vgl. Niklas Höhne, Climate Report Card Says Countries Are Trying, but Urgently Need Improvement, September 2023

Autos läuft. Aber ein Fünftel aller weltweit verkauften Neuwagen fährt mit Elektromotor.[131] Laut einer Analyse des NewClimate Institute steigt der E-Auto-Anteil schneller, als es in einigen Szenarien zum Einhalten des 1,5-Grad-Ziels vorgesehen ist.[132] Die Alternativen sind da. Sie funktionieren und sie sind bezahlbar. „Wir haben 95 Prozent der nötigen Technologien schon heute wirtschaftlich einsatzbereit ... Wir wissen auch, wie wir den Rest bauen können, vor allem für Flugzeuge und Schiffe und ein paar Industriebereiche. Wir brauchen keine Wundertechnologien, um diese Probleme zu lösen. Wir brauchen nur gemeinsame Willenskraft."[133] Und der individuelle Wille speist sich aus der Fähigkeit, sich mit mehr als nur dem eigenen Schmerzkörper verbunden zu fühlen, der dann und wann mit Substanzen betäubt werden muss. Aufgrund fehlender Anbindung an die natürliche Erde nicht nachhaltig gelebte menschliche Bedürfnisse führen zu nicht nachhaltigem Konsum von nicht nachhaltigen Produkten aus nicht nachhaltiger Produktion, was wiederum ein nicht nachhaltiges Wirtschafts- und Finanzwesen am Laufen hält. Das Angebot von ein bisschen nachhaltigerer Produkte und das Schaffen etwas nachhaltigerer Nischen in der Ökonomie hält nur die Illusion aufrecht. Nachhaltiges Leben speist sich aus dem

---

[131] Vgl. https://www.iea.org/energy-system/transport/electric-vehicles Abruf am 28.2.2024

[132] Vgl. https://newclimate.org/news/the-ambition-loop-in-motion-for-electric-vehicles-in-the-automotive-industry Abruf am 28.2.2024

[133] Mark Z. Jacobson, No Miracles Needed, 2023

Bewusstsein sowohl für die globale Vernetzung als auch die direkte energetisch-materielle Anbindung unseres individuellen Stoffwechsels im Hier und Jetzt. Dann fallen auch folgerichtig Entscheidungen zu nachhaltigem maßvollem Konsum und allem, dem sich *die Wirtschaft* zwangsläufig anpasst. Alles andere ist abstrakte Konzeption, gegen die der fühlende Organismus im Zweifel in Widerstand geht. Wenn dann positive inspirierende Zukunftsszenarien statt reißerische Horrorszenarien über Verzicht, Verbot und grüner Steinzeit in den Kopfkinos der Menschen laufen, hat Nachhaltigkeit vielleicht doch eine Zukunft.

Printed in Poland
by Amazon Fulfillment
Poland Sp. z o.o., Wrocław

35646389R00060